U0640922

《国有企业采购操作规范》释义

INTERPRETATION OF OPERATION SPECIFICATION FOR STATE-OWNED ENTERPRISES PROCUREMENT

中国物流与采购联合会公共采购分会 组织编写

陈川生◎主编

中国财富出版社

图书在版编目（CIP）数据

《国有企业采购操作规范》释义／中国物流与采购联合会公共采购分会组织编写；陈川生主编．—北京：中国财富出版社，2019.4

ISBN 978 - 7 - 5047 - 6885 - 8

Ⅰ.①国…　Ⅱ.①中…　②陈…　Ⅲ.①国有企业—采购—规范—说明　Ⅳ.①F279.241 - 65

中国版本图书馆 CIP 数据核字（2019）第 065659 号

策划编辑	李　晗	**责任编辑**	邢有涛　王　靖		
责任印制	尚立业	**责任校对**	杨小静	**责任发行**	敬　东

出版发行	中国财富出版社	
社　　址	北京市丰台区南四环西路 188 号 5 区20 楼	**邮政编码**　100070
电　　话	010 - 52227588 转 2048/2028（发行部）010 - 52227588 转 321（总编室）	
	010 - 52227588 转 100（读者服务部）　010 - 52227588 转 305（质检部）	
网　　址	http://www.cfpress.com.cn	
经　　销	新华书店	
印　　刷	北京京都六环印刷厂	
书　　号	ISBN 978 - 7 - 5047 - 6885 - 8/F·3014	
开　　本	710mm×1000mm　1/16	**版　　次**　2019 年 5 月第 1 版
印　　张	13.25	**印　　次**　2019 年 5 月第 1 次印刷
字　　数	217 千字	**定　　价**　60.00 元

《〈国有企业采购操作规范〉释义》
编写委员会

主　任：蔡　进

副主任：胡大剑

编　委（以姓名汉语拼音排序）：

曹富国	陈川生	丁　扬	董　琛	何玉龙	洪卫东
胡　珉	胡旭健	黄冬如	李　波	李阿勇	李国祥
李建升	李拥军	凌大荣	刘　芳	刘先杰	刘效恺
马国荣	孟　春	彭新良	宋春正	宋光君	孙　涛
孙　毅	孙建文	谭　沐	田　洁	田文灏	王　姝
王福斌	王建臣	王文标	王彦龙	王子刚	魏祝明
吴英礼	熊建新	徐　涛	阎利捷	叶盛林	曾　飞
张　林	赵庆丰	周晓琦	朱晋华		

主　编：陈川生

副主编：彭新良　朱晋华

起草单位与支持单位名单

起草单位：

中国物流与采购联合会公共采购分会

国家电网有限公司

招商局集团

中国航空集团有限公司

北京首创股份有限公司

广东粤港供水有限公司

内蒙古蒙牛乳业（集团）股份有限公司

中国公共采购有限公司

北京筑龙信息技术有限责任公司

支持单位：

中国人民解放军陆军勤务学院

中国中车股份有限公司

中国建筑股份有限公司

国家能源投资集团有限公司

中国石油天然气集团公司

中国石油化工集团有限公司

东风汽车集团有限公司

中国盐业总公司

中国银联股份有限公司

上海诺基亚贝尔股份有限公司

北京京东世纪贸易有限公司

苏宁云商集团股份有限公司

内蒙古电力（集团）有限责任公司

汉能控股集团有限公司

上海华能电子商务有限公司

北京信构信用管理有限公司

国采（北京）技术有限公司

前　言

由中国物流与采购联合会组织编制、批准和发布的团体标准《国有企业采购操作规范》（标准号 T/CFLP 0016—2019）（以下简称《标准》）于 2019 年 5 月 1 日起实施。本书是针对《标准》解读与应用的配套用书。

本《标准》属于行业推荐性自律规范，适用于广大国有企业的采购管理与执行机构组织及其从业人员，也适用于国有企业采购代理机构。除依法必须进行招标的工程、货物和服务以外，其他自愿进行招标、非招标，以及招标失败后依法不再招标的各种采购活动，可采用本标准的各类采购方式。

本书由三篇组成。第一篇是《标准》的编制说明。主要论述了编制背景及其任务来源、编制过程、指导思想和编制原则；第二篇是对《标准》正文及其附录进行了全面、系统的说明和解释，重点解读了条文的依法合规和可操作性；第三篇是辑录了编制标准过程中借鉴和使用的文献资料，可帮助读者准确理解与应用《标准》。

本书由中国物流与采购联合会公共采购分会组织编写，公共采购专家委员会成员和"国有企业采购管理与采购操作规范"课题组成员组成编委会；由《标准》起草组的主要起草人执笔。

《标准》首次公开发布实施后，起草组将结合广大国有企业的实践情况，对规范内容进行修订和完善。由于《标准》是国内首部关于国有企业采购的规范性文件，不妥之处在所难免，恳请广大从业人员对《标准》和本书提出宝贵意见和建议。联系地址为北京市丰台区双营路 9 号亿达丽泽中心 3 层 313 室中国物流与采购联合会公共采购分会，联系人为熊老师，电子邮箱 1196788331@ qq. com，电话 010 - 83775725。

目　录

第一篇

《国有企业采购操作规范》
编制说明

1 编制背景和任务来源

1.1 《标准》编制的背景

1.1.1 国有企业深化改革的需要

1.1.1.1 机遇和挑战

2018 年是我国改革开放 40 周年，改革开放为我国带来翻天覆地的变化；在纪念改革开放 40 周年之际，以习近平总书记南巡为标志，我国将进入进一步加快改革开放的新的历史时期。改革开放给国有企业带来发展的重大机遇，同时也带来应当正视的挑战。

早在 2012 年，美国就制定了《全球供应链安全国家战略》，对世界各国企业的发展产生重大影响。2018 年 4 月，我国明确提出了融入全球供应链，打造"走出去"的战略升级版。部署了供给侧供应链创新发展的相关政策，提出基于互联网环境，中国企业需要在供应链层面建立基于自主创新的核心竞争能力。采购技术的提升和打造企业自主创新的核心能力紧密相关。采购技术的先进性主要体现在其针对供应链需求的适用性，"一单一招""一单一采"模式显然不适合供应链管理的需求。因此，颁布一部适合我国企业的采购操作规范迫在眉睫。

1.1.1.2 国家高水平开放呼唤深层次改革的需要

国企改革的重点，将在遵循市场化原则的基础上进行。一方面，在保障产业安全的前提下，将在国企分类的基础上继续深化混合所有制改革，特别是竞争性国企将进一步向民企等多种所有制资本敞开大门；另一方面，国企的并购重组会进入一个新的阶段，不仅国内市场上的兼并重组加速，海外布局也将循序推进。

国有企业采购具有公共采购的属性。在公共采购领域，联合国国际贸易法委员会颁布了《贸易法委员会公共采购示范法》（以下简称示范法），该法规定了多种采购方式和组织形式，可以为国有企业采购活动提供有益的制度框架。因此，借鉴示范法制定一部符合我国国有企业采购特点的技术标准就成为国有企业"走出去"的共同需求。

1.1.2 国有企业提高国际竞争力的需要

1.1.2.1 企业采购围绕供应链进行

关于企业采购，著名的经济学家克里斯多夫说："市场上只有供应链而没有企业，真正的竞争不是企业与企业之间的竞争，而是供应链与供应链之间的竞争。"

企业采购是围绕供应链进行的，这是企业采购和一般公共采购的首要区别。

在供应链采购管理中，采购的目标是满足供应链最终目标的一致性。企业采购对供应链管理和创新有重要的引领作用。大型跨国公司的采购方式不断创新，包括数据采购、智能采购等先进采购技术的普遍应用，引领企业在降本增效的基础上通过采购创造价值。

通常，在企业采购中获得较低价格并不难，但是如果不能同时注重系统的整体价值，更低的价格可能会意味着质量更糟糕，交付时间难以保证；低质量、低价格的供应商可能是高库存成本的源头。因此，企业供应链采购价值增值的关键是要从整体、全局的视角审视各类采购决策。

和发达国家相比，我国国有企业采购理念和采购技术还有很大差距。采购理念以反腐败为主要目标，采购技术大都以招标采购为主要方式，采购管理主要以招标程序的合规性为重点。但招标方式仅是多种采购方式之一。采用招标采购方式遏制腐败，很大程度上在于其公开性而不是其竞争性。主要依赖"招标式采购"也在一定程度上束缚了企业采购技术的创新，影响了企业的竞争力。

1.1.2.2　企业采购在"采购－供应"大系统中进行

1983 年 9—10 月号的《哈佛商业评论》首次刊载了彼得·卡拉杰克（Peter Kraljic）的《采购必须纳入供应管理》（*Purchasing Must Become Supply Management*）一文，提出了卡拉杰克矩阵（Kraljic Matrix）通过收益影响和供应风险组成的矩阵将企业采购分为杠杆项目、战略项目、非关键项目、瓶颈项目，并据此提出了采购策略，包括采购原则、目标、方式等。彼得·卡拉杰克的贡献在于他把采购和供应作为一个系统进行研究。

企业采购必须在"采购－供应"大系统中进行，是国有企业采购和一般公共采购的第二个区别。

在我国，一般政府采购大都是买方市场，购买标的一般是市场通用商品；企业采购不同，企业采购的市场既有买方市场，也有卖方市场，采购标的既有市场通用商品又有需要私人定制的商品。因此，采购人确定采购策略不能仅依据己方项目特点和需求闭门造车，还必须结合供应商的技术垄断性、生产能力甚至政治环境通盘考虑。在全球供应链的环境下，供应安全甚至比质量还重要。

1.1.2.3　企业采购对其盈利能力的提高至关重要

企业采购也是供应链运营活动的首要环节。

和一般公共采购的消费属性不同，企业的属性是营利，企业采购对其盈利能力的提高至关重要。这是企业采购和一般公共采购的第三个区别。

在供应链管理中，采购成本节约对企业利润的增加有重要的杠杆作用。依据采购成本在总成本的比例，如采购成本占总成本的 60%，其杠杆作用为 1∶6。即如果在采购环节节约 10% 的采购成本，相当于增加了企业产品 60% 的利润。此外，企业采购部门还可对库存管理、协议外包等供应链管理环节进行不断优化。如沃尔玛购买了商业卫星，通过优化供应链管理，使其库存流动速度达到美国零售业平均速度的两倍，大大降低了采购成本。

因此，世界各国都特别重视站在供应链的高度对采购技术进行研究。为提高国有企业的国际竞争力，学习国外同行的先进采购技术，出台一部符合我国国有企业采购实际的操作规范就成为必然。

1.1.3 完善国有资产管理制度的需要

1.1.3.1 其他国家对国有资产的管理模式

其他国家涉及国有资产管理的法律制度通常包括三个层次，第一个层次是规定政府层面由什么机构、通过什么程序对国有资产进行管理的法律制度；第二个层次是对作为国有资产组织体的国有企业组织和管理形态进行规定的法律制度；第三个层次则是对国有企业与其他经济体的交易行为进行调整的法律制度。一般来说，对于国有企业与其他经济体的交易应当由一般的民商事法律或技术标准进行调整。因此，狭义的国有资产管理法律制度应当仅指前两个层次的法律制度。

1.1.3.2 我国国有资产管理法律框架的构建

国有资产产权交易和资产交易的管理应当有不同路径。

针对国有资产管理的第一层次，即政府层面由什么机构、通过什么程序对国有资产进行管理，我国通过《企业国有资产法》进行规制；第二个层次，即国有企业的组织和管理与非国有企业一样，通过《公司法》予以规制；第三个层次，即对国有企业与其他经济体的交易行为进行调整的法律制度，我国采取区别规定，分类管理的办法。

第三个层次包括企业投资、建设和运营三个阶段。在投资和建设阶段，在法定范围内达到一定规模标准的项目适用《中华人民共和国招标投标法》（以下简称《招标投标法》）以及其他相关法规，如《企业投资项目核准和备案管理条例》《中央预算内投资补助和贴息项目管理办法》《企业境外投资管理办法》等。

在运营阶段按《中华人民共和国企业国有资产法》规定，企业依法享有"自主经营权"。该阶段经营物资（固定资产）的采购，企业依法制定章程及相关采购规则进行规范。其中，固定资产采用招标方式采购的，参照《工程建设项目货物招标投标办法》进行；不良资产处置，遵从《中华人民共和国企业国有资产法》《企业国有资产交易监督管理办法》等规制。

综上所述，现行采购规制对国有工业企业而言，在项目建设阶段较完整，但在投资和运营阶段均不完整。其中，投资阶段缺少国务院专项投资行政法规，运营阶段缺失国有工业企业专项采购办法，不利于规范国有工业企业采购行为和推动其创新与技术进步。①

1.1.3.3　国有资产管理制度的补充

国有企业采购是企业经营的重要环节，依据《中华人民共和国企业国有资产法》规定，企业依法享有"自主经营权"。但是这种"自主经营"并不意味着对其采购"放任自流"，鉴于国有企业的采购具有一定的公共属性，要接受专门部门的审计监督。因此，2016 年国务院办公厅颁布了《关于建立国有企业违规经营投资责任追究制度的意见》（国办发〔2016〕63 号），2018年中办、国办颁布了《关于创新政府配置资源方式的指导意见》。两个文件都涉及企业采购的合规性。

众所周知，在企业经营活动中，除了招标投标法之外没有其他针对采购的法律或标准，因此在国资委对采购环节的考核中，招标率是一个重要指标。但是鉴于企业采购活动的多样性、复杂性，企业采购不能仅限于招标采购一种方式，对于具体、微观、灵活的法律关系，企业需要有一部适合企业的采购制度，规范自己的行为。所以，参照国际通行规则制定行业技术标准，就成了国有企业规范其生产经营交易活动的期盼。

《国有企业采购操作规范》的颁布和实施是对我国国有资产管理制度的补充和完善。

1.2　任务来源

在经济领域，法规一般通过原则、刚性的规定解决行为定性的是非问题，技术标准主要通过细化、柔性的规定解决行为定量的技术问题，两者从宏观和微观两个层面共同作用维护公平的市场秩序。2018 年 9 月 14 日，由中国物流与采购联合会公共采购分会申请团体标准的立项，中国物流与采购联合会根据 2018 年度中国物流与采购联合会团体标准制订项目计划，批准《国有企业采购操作规范》团体标准的制定。

---

① 毛林繁．深化采购制度改革助力国企可持续发展［J］．工信部采购中心内刊，2019（01）．

1.3 规范适用范围

本标准适用于国有企业在中国境内开展的非依法必须招标项目的采购活动。

【释义】

上述条款涉及以下概念定义。

（1）招标。

在示范法第二条定义（p）项"'招标'系指邀请投标、邀请递交提交书，或者邀请参加征求建议书程序或电子逆向拍卖程序"即"招标"是各种采购方式的要约邀请。示范法第三十三条至第三十五条对公开招标、限制性招标、竞争性谈判、单一来源等11种采购方式，都有用"招标办法"的解释规定。如"向单一供应者或承包商征求建议或者征求报价"就是所谓单一来源采购的"招标"。即"招标"指采购人在各种采购方式中邀请供应商参与采购活动的意思表示，不是特指一个采购方式。

（2）招标采购。

招标采购指某种特定的竞争性采购方式，包括公开和邀请两种方式。必须招标项目的程序规定由法律规定；必须招标之外项目的程序由本标准或企业制度规定。

（3）非招标采购方式。

——财政部2013年12月19日颁布的《政府采购非招标采购方式管理办法》（财政部令第74号）第二条第二款规定："本办法所称非招标采购方式，是指竞争性谈判、单一来源采购和竞价采购方式。"

——本标准规定了竞价采购、询比采购、合作谈判、竞争谈判、磋商谈判、单源直接采购、多源直接采购等非招标采购方式。

（4）非必须招标项目。

本标准所称"非必须招标项目"指法律规定必须进行招标之外的工程、货物和服务采购项目。包括以下几种。

a）非法律规定必须招标的工程项目；

b）依法必须招标可以不进行招标的工程项目；

c）依法必须招标失败后不再进行招标的工程项目；

d）非关境外机电产品依法必须进行招标的项目；

e）非必须招标采购的其他项目。

示例：企业生产物资、服务采购等其他项目。

2 主要编制过程

2.1 准备阶段

2.1.1 标准课题立项

2017 年 11 月 24 日，在第四届全国公共资源交易论坛上，中国物流与采购联合会公共采购分会根据会员单位和专家的呼吁及意见，决定成立"国有企业采购管理与采购操作规范"课题组，开始"国有企业采购操作规范"和"国有企业采购管理规范"课题研究。

2.1.2 成立标准编制工作起草小组

2018 年 4 月 23 日，根据任务要求，中国物流与采购联合会公共采购分会成立了标准编制工作起草小组（以下简称"起草小组"），启动标准编制组织工作。起草小组在 2018 年 4 月积极组织筹备和征集标准起草单位。经过征集、评审和筛选，最终由中国物流与采购联合会确定了起草小组的成员单位。

国家电网有限公司、招商局集团、中国航空集团有限公司、北京首创股份有限公司、广东粤港供水有限公司、内蒙古蒙牛乳业（集团）股份有限公司、中国公共采购有限公司、北京筑龙信息技术有限责任公司等 14 家单位参与课题研究和标准编制，并联合成立了标准起草工作组。

起草小组制订了标准编制工作计划、编写大纲，明确任务分工及各阶段进度时间。同时，标准起草工作组成员认真学习了《标准化工作导则 第 1 部分：标准的结构和编写》（GB/T 1.1—2009），《标准化工作指南 第 2 部分：

第一篇　《国有企业采购操作规范》编制说明

采用国际标准》（GB/T 20000.2—2009），结合标准制定工作程序的各个环节，进行了探讨和研究。

2.2　起草阶段

2.2.1　完成初稿

2018 年 5 月 4 日，起草小组完成初稿后，公共采购分会组织召开全体专家会议，第一次征求专家组意见。会议讨论了当前国有企业采购依循标准和工作开展的现状和问题，确定了标准起草的总体框架和主要内容。

2.2.2　完成初步征求意见稿

2018 年 5 月 15 日，公共采购分会召开第二次全体专家会议，对《国有企业采购操作规范征求意见稿》的内容条款及技术指标进行了逐条研讨，对标准制定中遇到的相关问题进行了深入交流并达成共识，确定了标准征求意见稿的内容。

2.2.3　征求意见稿的座谈和调研

2018 年 6 月 23 日，课题组赴央企调研，就征求意见稿听取企业意见；2018 年 6 月 24 日赴中国人民解放军陆军勤务学院就征求意见稿听取采购专家意见。

2.2.4　综合修改意见

2018 年 7 月 13 日，公共采购分会召集第三次专家会议，将企业调研意见分类归纳，对标准征求意见稿再次修改完善。

2.2.5　标准完善初稿

2018 年 8 月 15 日，公共采购分会召集第四次专家会议，对标准条文逐条审议、推敲形成标准立项报批稿。

— 11 —

2.2.6　批准标准立项

2018 年 9 月 14 日，中国物流与采购联合会团体标准化技术委员会召开工作会议，对 2018 年度第三季度的项目计划进行审议；《国有企业采购操作规范》团体标准被批准立项；项目计划号为 2018 – TB – 005。

2.2.7　向社会发布标准征求意见稿

2018 年 11 月 14 日，公共采购分会在武汉第九届全球采购（武汉）论坛暨采购博览会正式向社会发布标准征求意见稿。11 月 22 日，公共采购分会依据《中国物流与采购联合会团体标准管理办法》，发出《关于团体标准〈国有企业采购操作规范〉公开征求意见的通知》，向会员单位和社会征求意见。

2.3　审查阶段

起草小组对收集到的意见进行了认真的分析和处理，采纳 42 条，部分采纳 3 条，不采纳 12 条，对征求意见稿进行了修改，形成标准送审稿初稿。2019 年 1 月 10 日，中国物流与采购联合会团体标准化技术委员会召开送审稿专家审查会，专家组对送审稿初稿进行逐条审查，要求起草小组会后根据会议审查意见对标准进行完善。

2.4　报批阶段

（1）召开工作会议：起草小组根据审查会议纪要对标准逐条修改，形成报批稿及其说明。

（2）完成报批报告：报告内容包括标准制定任务来源、编制情况概况、标准主要内容、审查会议意见的处理情况、标准的作用和效益、标准中尚存在的主要问题，今后需要改进的主要工作等。

2019 年 3 月 25 日，中国物流采购联合会发布公告，《国有企业采购操作规范》团体标准经中国物流与采购联合会团体标准化技术委员会审查通过，并经国家标准委备案，自 2019 年 5 月 1 日起实施。

2.5　标准发布

2019 年 4 月，中国物流与采购联合会举行新闻发布会，对社会公开发布《国有企业采购操作规范》团体标准，组织专家对该规范进行了解读，并确定了标准宣贯实施的试点单位。

3 指导思想和编制原则

3.1 指导思想

本标准的制定工作遵循"统一性、协调性、适用性、一致性、规范性"的基本原则，注重标准的先进性、科学性、合理性和可操作性，并严格按照《标准化工作导则 第1部分：标准的结构和编写》（GB/T 1.1—2009）相关规则编写。

本标准研究了国有企业采购的特点和需求，标准内容考虑了国有企业采购兼具企业采购和公共采购的双重特点，既要符合国家的有关法律法规、行政规章，又要适应国企改革方向，符合现代企业制度，兼顾"公平"与"效率"；既要具备宏观指导性和普遍适应性，又要结合企业实际，具备较强的指导性和可操作性。

3.2 标准的设计思路

作为采购操作标准，设计思路有两个选择：一是按照工程、货物和服务设计采购方法；二是依据采购条件从管理的角度考虑制度设计。示范法的设计路径就是后者。本标准是企业的标准，采购管理是企业管理的重要内容。依管理的属性，本标准将企业采购分为项目采购和运营采购。其中，项目采购的目标是实现项目生命周期利益的最大化；运营采购的目标是满足供应链目标的一致性。显然两者选用的采购办法也不同。

标准正文主要规范采购组织形式和采购方法，标准参考资料通过项目条件的不同，为企业选择适当的采购方法提出指导意见，纵横两个维度形成的矩阵构成本标准的基本框架。

3.3　关于采购方法的设计

依据示范法案文评注第一百二十九条解释，作为一个采购制度的设计"至少应规定一种可用于低价值和简单采购的方法；一种可用于紧急情况和其他紧迫采购的方法；一种可用于进行较为专业或较为复杂采购的方法。"经反复征求有关企业的意见，本标准归纳了招标采购、询比竞价采购、谈判采购和直接采购四组方法，每一组方法包括2～3种采购方式，基本覆盖了目前企业采用的采购方式。

除了在符合招标适用条件时应当使用招标采购方式外，在本标准中，询比竞价采购适用于低价值和简单采购的方式，谈判采购适用于紧急情况和其他紧迫的采购方式，竞争磋商适用于进行较为专业或较为复杂采购的方式；同时依据企业采购的特点，规定了合作谈判采购方式，主要用于企业战略采购；规定了在缺乏竞争条件下的直接采购方式，包括在卖方市场条件下单源直接采购和在买方市场条件下的多源直接采购。其中，单源直接采购用于企业紧急或特殊采购，多源直接采购主要为满足企业原料的供应。

在采购方法适用条件和程序设计中，凡是示范法中可以参考的制度尽量向示范法靠拢，为我国加入GPA（政府采购协定）后国有企业采购境外原材料、设备等活动或外商进入我国市场，适应企业采购方法做一个和示范法相似的基础铺垫。

3.4　本标准和有关部门规章的衔接

招标投标法适用于在我国境内的必须进行招标和必须招标之外的两种性质不同的招标投标活动。本标准针对必须招标之外的采购活动，是对招标投标法规在技术标准层面上的补充。

关于必须招标工程项目的范围和规模标准应由有立法权的机关提出并经

国务院批准。

财政部负责对国有资金的管理。

财政部依据金融类和非金融类对国有企业资本管理颁发了两个文件。

2018 年，财政部印发了《国有金融企业集中采购管理暂行规定》（财金〔2018〕9 号），自 2018 年 3 月 1 日起施行，同时废止了 2001 年《关于加强国有金融企业集中采购管理的若干规定》（财金〔2001〕209 号）的文件。本标准是对财金〔2018〕9 号文件在采购方法方面的补充。

财政部 2001 年印发了《企业国有资本与财务管理暂行办法》的通知（财企〔2001〕325 号），该文件针对国有企业采购做了原则规定："企业大宗原辅材料或商品物资的采购、固定资产的购建和工程建设一般应当按照公开、公正、公平的原则，采取招标方式进行"。上述规定分别针对物资采购、固定资产的购建和工程建设三个方面。

关于企业生产物资采购，招标投标法没有将其纳入必须进行招标的范围，财政部规定的"一般应当"指符合招标条件的物资采购应当采用招标方式。包含了可以自愿招标（公开/邀请）的采购方式和必须进行招标之外的其他采购方式，本标准规定的采购方式为企业物资采购提供了可操作的采购方法。

关于企业固定资产的采购管理，应当执行国家发改委等部委颁发的《工程建设项目货物招标投标办法》（七部委 27 号令）第六十一条规定："不属于工程建设项目，但属于固定资产投资的货物招标投标活动，参照本办法执行"；本标准提供的采购方式为企业固定资产采购提供了可参照的标准。

企业工程建设的范围和规模达到经国务院批准 2018 年 6 月 1 日起施行的《必须招标的工程项目规定》的范围和规模，其采购办法包括采购项目的审批、核准或备案，采购过程和结果的监督等执行招标投标法。范围和规模之外的工程项目的采购方式可执行本标准。

第二篇

《国有企业采购操作规范》
释义与应用

1　范围

本标准规定了国有企业（以下简称"企业"）的采购流程和通用要求，以及各种采购方式的适用条件和程序规则。

本标准适用于国有企业在中国境内开展的非依法必须招标项目的采购活动。

【释义】

本条第一段规定了本标准规定的内容。主要由第三章规定了采购流程和一般要求，第四章规定了各种采购方式的适用条件和程序规定，纵横两个方面构成企业采购操作规范的框架。

本条第二段规定了本标准适用的范围。

本标准属于行业推荐性自律规范，适用的主体范围主要是国有企业，其他非国有企业也可参照执行。

本标准适用的地域范围是我国境内的采购活动，但不包括采购项目在中国台湾、中国香港、中国澳门以及海关保税区的项目。

招标投标法适用于在中华人民共和国境内进行的一切招标投标活动。不仅包括必须进行招标的活动，也包括必须招标以外的所有招标投标活动。其中，法律对必须招标的项目做了较为严格的专属规定。

本标准适用的范围是依法律规定必须进行招标以外的国有企业采购活动，除依法必须进行招标的工程、货物和服务以外，其他自愿进行招标、非招标，以及招标失败后依法不再招标的各种采购活动，均可采用本标准的各类采购方式。

1）非法律规定必须招标的工程项目。

界定非法律规定必须招标的工程项目，首先应当对法律规定的必须进行招标的规定做一个梳理。

（1）必须招标的工程项目。

依据《中华人民共和国招标投标法实施条例》（以下简称实施条例）第二条的规定："招标投标法第三条所称工程建设项目，是指工程以及与工程建设有关的货物和服务。

前款所称工程，是指建设工程，包括建筑物和构筑物的新建、改建、扩建及其相关的装修、拆除、修缮等；所称与工程建设有关的货物，是指构成工程不可分割的组成部分，且为实现工程基本功能所必需的设备、材料等；所称与工程建设有关的服务，是指为完成工程所需的勘察、设计、监理等服务。"

①关于工程的定义。

——上述规定对工程的定义不能理解为建设工程仅指建筑物和构筑物，所谓"包括"指建筑物和构筑物是建设工程项目的组成部分并不是全部。由于实施条例定义了"工程建设项目"，该定义包括相关的工程设备、材料，也间接包括一定的机电工程内容。但招标投标法规范的重点是建筑工程和土木工程，并据此规定了政府有关部门监督的分工和责任。

——依据《建设工程质量管理条例》（以下简称质量条例）和《建设工程安全生产管理条例》（以下简称安全条例）定义，建设工程是指土木工程、建筑工程、线路管道和设备安装工程及装修工程。

——住房和城乡建设部 2013 年颁布的国家标准《建设工程分类标准》（以下简称分类标准）（GB/T 50841—2013）将建设工程分为建筑工程、土木工程和机电工程三类。

建设工程："为人类生活、生产提供物质技术基础的各类建（构）筑物和工程设施。"可分为以下三类：

a）建筑工程："供人们进行生产、生活或其他活动的房屋或场所"；

b）土木工程："建造在地上或地下、陆上或水中、直接或间接为人类生活、生产科研等服务的各类工程"；

c）机电工程："按照一定的工艺和方法，将不同规格、型号、性能、材质的设备、管路、线路等有机组合起来，满足使用功能要求的工程"。

按照工程的自然属性，建筑工程本质上也属于土木工程，但是由于建筑工程量大面广、占投资比重大，从资质管理、市场准入、行业管理和便于监管的角度，《分类标准》将建筑工程从土木工程中分离出来。

上述不同法规和标准关于工程分类的对应关系如表1-1所示。

表1-1　　　　　　不同法规和标准关于建设工程分类对应

《分类标准》	《安全条例》	《实施条例》
建筑工程	建筑工程	建筑物新建、改建、扩建及其相关的装修、拆除、修缮等
土木工程	土木工程	构筑物新建、改建、扩建及其相关的装修、拆除、修缮等
机电工程	线路管道和设备安装工程及装修工程	工程建设项目的设备、材料

②工程建设有关的货物。

构成与工程建设有关的货物需要同时满足两个要件。一是与工程不可分割；二是为实现工程基本功能所必需，即需要与工程同步整体设计施工的货物，属于与工程建设有关的货物[①]。

③工程建设有关的服务。

《实施条例》采用例示性立法技术表述工程建设有关的服务："勘察、设计、监理等"，这里的"等"表示未尽之意，即和工程有关的服务还有其他，如可行性研究报告、项目管理、招标代理、审计等。但这种扩展性解释只有当具有立法权的机关认为需要的时候，可以通过立法补充，其他任何人包括行政机关执法时不能对"等"做扩展性解释。

因此必须招标的服务项目仅包含勘察、设计和监理三项。

④必须招标工程项目的范围和规模。

2018年3月27日，国家发展和改革委员会经国务院批准颁布《必须招标

---

① 国家发展和改革委员会法规司，国务院法制办公室财金司，监察部执法监察司.中华人民共和国招标投标法实施条例释义［M］.北京：中国计划出版社.

的工程项目规定》（国家发展改革委令第16号），其中对采用国有资金必须招标的工程范围和规模做了具体规定。

"第二条 全部或者部分使用国有资金投资或者国家融资的项目包括：

（一）使用预算资金200万元人民币以上，并且该资金占投资额10%以上的项目；

（二）使用国有企业事业单位资金，并且该资金占控股或者主导地位的项目"。

"第五条 本规定第二条至第四条规定范围内的项目，其勘察、设计、施工、监理以及与工程建设有关的重要设备、材料等的采购达到下列标准之一的，必须招标：

（一）施工单项合同估算价在400万元人民币以上；

（二）重要设备、材料等货物的采购，单项合同估算价在200万元人民币以上；

（三）勘察、设计、监理等服务的采购，单项合同估算价在100万元人民币以上。

同一项目中可以合并进行的勘察、设计、施工、监理以及与工程建设有关的重要设备、材料等的采购，合同估算价合计达到前款规定标准的，必须招标。"

上述"同一项目的合并"指施工、货物和服务同类项可以合并的应当合并。从工程组成分类，各类建筑单位工程都可以包括：地基与基础工程、主体结构工程、建筑屋面工程、建筑装修工程和室外建筑工程。这些分部分项工程可以合并的应当合并，不能肢解分包，如主体结构工程；有些可以分包也可以合并，如室外装修。在这种情形下，判断合同合并合理性的关键是三个"有利于"：是否有利于竞争；是否有利于合同履行；是否有利于保证质量。

上述工程范围内，单项合同估算价金额达到400万元人民币属于必须招标的工程项目，工程包含的设备采购，以及勘察、设计和监理单项合同估算价分别达到200万元人民币和100万元人民币的属于必须招标的项目。

依照上述规定，使用国有企业资金的工程项目达到规模标准的，原则上都属于必须招标的范围。

（2）非必须招标的工程项目。

招标投标法第二条规定："在中华人民共和国境内进行招标投标活动，适用本法。"不仅包括该法列出必须进行招标的活动，而且包括必须招标以外的所有招标投标活动。但是招标投标法规范的重点是必须进行招标的活动，并设置了较为严格的专属规定。非必须招标活动对上述专属规定可以参照执行。

注意：

①与建筑物和构筑物新建、改建、扩建无关的单独的装修、拆除和修缮不属于必须招标项目。

依据法律规定，国务院法制办公室《对政府采购工程项目法律适用及申领施工许可证问题的答复》（国法秘财函）〔2015〕736号）明确，"与建筑物和构筑物的新建、改建、扩建无关的单独的装修、拆除和修缮等不属于依法必须招标的项目。"

②境外审批、核准或备案工程项目在国内的采购不属于必须招标的项目。

鉴于法律规定必须招标的范围是境内审批、核准或备案工程项目，国有企业在境外实施的工程项目不属于必须招标的范围。该类项目的设备、材料和服务等在国内的采购项目属于非必须招标的项目；符合招标条件的执行本标准相关采购程序。

2）依法必须招标可以不进行招标的工程项目。

（1）招标条例第九条规定："除招标投标法第六十六条规定的可以不进行招标的特殊情况外，有下列情形之一的，可以不进行招标：

（一）需要采用不可替代的专利或者专有技术；

（二）采购人依法能够自行建设、生产或者提供；

（三）已通过招标方式选定的特许经营项目投资人依法能够自行建设、生产或者提供；

（四）需要向原中标人采购工程、货物或者服务，否则将影响施工或者功能配套要求；

（五）国家规定的其他特殊情形。

招标人为适用前款规定弄虚作假的，属于招标投标法第四条规定的规避招标。"

（2）上述项目的特点和招标的公开、竞争和合同相对人的不确定性等属性相悖，一般不适用招标方式。企业可采用本标准规定的其他采购方式进行采购。

（3）实施条例第九条第二项"采购人"一般指采购项目法人。但是在企业现行经济体制下，企业集团内的二级、三级单位在推向市场的过程中一般都注册为法人，但是集团内部长期形成的生产协作配套的供应链没有改变，在这种情形下，涉及必须招标的项目，或企业制度要求采用招标方式时，集团内部的招标走过场就成为必然，除增加了交易成本，没有获得竞争应当产生的效益。此外，各级国资委对集团国有资产增值、保值的考核只针对集团总部，因此，本着实事求是的原则，规范编写组认为，此处的"采购人"在特定情形下应当特指"集团法人"。

所谓特定情形，指在集团内部已经形成长期的合作配套关系，构成集团供应链不可分割的组成部分。在这种情形下，集团内部可以互相提供的必须招标的项目，依据实施条例第九条第二项可以不进行招标采购。至于非必须招标项目依据企业制度可根据项目特点选用本标准适合的方式实施采购。

3）依法必须招标失败后不再进行招标的工程项目。

（1）依法必须招标项目失败后处理办法的法律规定。

招标投标法第四十二条第二款："依法必须进行招标的项目的所有投标被否决的，招标人应当依照本法重新招标。"

依据上述规定，国家有关部委对招标失败的处理做了细化和补充。

①国家发改委等7部委《工程建设项目施工招标投标办法》（30号令）第三十八条第三款："依法必须进行施工招标的项目提交投标文件的投标人少于三个的，招标人在分析招标失败的原因并采取相应措施后，应当依法重新招标。重新招标后投标人仍少于三个的，属于必须审批、核准的工程建设项目，报经原审批、核准部门审批、核准后可以不再进行招标；其他工程建设项目，招标人可自行决定不再进行招标。"

②国家发改委等7部委《工程建设项目货物招标投标办法》（27号令）

第三十四条第三款规定："依法必须进行招标的项目，提交投标文件的投标人少于三个的，招标人在分析招标失败的原因并采取相应措施后，应当重新招标。重新招标后投标人仍少于三个，按国家有关规定需要履行审批、核准手续的依法必须进行招标的项目，报项目审批、核准部门审批、核准后可以不再进行招标"。

③国家发改委等8部委《工程建设项目勘察设计招标投标办法》（2 号令）第四十九条："招标人重新招标后，发生本办法第四十八条情形之一的，属于按照国家规定需要政府审批、核准的项目，报经原项目审批、审核部门审批、核准后可以不再进行招标；其他工程建设项目，招标人可自行决定不再进行招标。"

④商务部《机电产品国际招标投标实施办法（试行)》（1 号令）第四十六条第二款："投标人少于 3 个的，不得开标，招标人应当依照本办法重新招标；开标后认定投标人少于 3 个的应当停止评标，招标人应当依照本办法重新招标。重新招标后投标人仍少于 3 个的，可以进入两家或一家开标评标；按国家有关规定需要履行审批、核准手续的依法必须进行招标的项目，报项目审批、核准部门审批、核准后可以不再进行招标。"

（2）招标采购失败后不再进行招标的工程项目。

上述依法必须招标的工程项目重新招标失败后可选用本标准规定的采购方式采购。

4）非关境外机电产品依法必须进行招标的项目。

商务部《机电产品国际招标投标实施办法（试行)》（1 号令）附件一规定了在"机电产品范围"内原产地在关境外的机电产品适用该部门规章。在其范围外的机电产品包括关境外和关境内的机电产品可采用本标准规定的采购方式进行采购。

5）非必须招标采购的其他项目。

招标投标法第三条规定，除了必须招标的工程项目外，国家和法律规定的应当招标的"其他项目"也属于必须招标的范围。比如药品采购、客运公路经营权等不属于工程项目，但是国家有关部门颁布法规把上述采购活动也纳入必须招标范围。

　　除上述特定"其他项目"外的采购都不属于依法必须进行招标的情形。包括企业技术改造项目采购、设备大修项目等；企业运营采购中除了纳入范围的进口机电产品外的物资采购、生产服务采购等。针对上述"其他项目"的采购，企业愿意采用招标的方式采购，招标法规针对依法必须招标的项目的专属规定，企业可以参照执行。不言而喻，该类项目也可用本标准规定的其他采购方式进行。

2 术语和定义

下列术语和定义适用于本文件。

【释义】

本标准下列术语和定义适用于本标准，并依据在正文出现的次序排序。

2.1

非依法必须招标项目 not subject to tender according to law project

法律规定必须进行招标之外的，可采用招标方式进行，执行法律一般性条款；也可采用其他采购方式进行的采购项目。

2.2

采购人 procurement person

企业依据职能分工承担采购任务的机构或部门。

注：在招标投标活动中称为招标人。

2.3

供应商 supplier

为采购人提供工程、货物和服务的承包商、供货商和服务商。

注：在招标投标活动中称为投标人。

2.4

寻源 sourcing

通过各种媒介、展览会、博览会、互联网等途径寻找到合格供应商及其相关信息的过程。

2.5

供应资源库 supplier base

通过采购寻源建立的和企业生产经营有关的供应商名单及其相关产品信息的商业信息数据的总称。

2.6

电子采购平台 electronic procurement platform

通过网络技术进行信息交换与传递，并为企业采购管理、交易、监督提供软件系统支撑的电子商务系统。

2.7

集中采购 centralized purchasing

区别分散采购，针对同类、功能相近或关联项目"标的"，进行捆绑采购的组织管理形式。

2.8

框架协议采购 framework agreement procurement

针对重复性采购，采购人分阶段缔约和履约的采购组织管理形式。

2.9

项目采购 project procurement

为实现项目管理目标，对项目进行采购的活动。

2.10

运营采购 operation procurement

为实现运营管理目标、维持日常经营活动实施的重复性采购活动。

2.11

公开招标 open tendering

采购人自愿以招标公告的形式邀请不特定的潜在投标人投标，完成非依法必须招标项目的采购方式。

2.12

邀请招标 selective tendering

采购人自愿以投标邀请书的形式邀请特定的投标人投标，完成非依法必须招标项目的采购方式。

2.13

竞价采购 bidding procurement

采购需求明确，采购人依照既定规则和方式一次或多次比价最终确定合同相对人的采购方式。

2.14

询比采购 inquiry and comparison

采购需求明确，采购人依照既定程序允许投标人多次报价并经评议最终确定合同相对人的采购方式。

2.15

合作谈判 cooperative negotiation

采购目标需求明确但不具备招标条件，只能通过谈判的方式同供应商签订货物或服务合同并建立战略合作伙伴关系的采购方式。

2.16

竞争谈判 competitive negotiation

采购功能需求明确且具备一定竞争条件，采购人与符合资格条件的供应商就采购工程、货物或服务事宜进行谈判，供应商按照谈判文件的要求提交响应文件和最后报价，采购人从谈判小组提出的成交候选人中确定成交人的采购方式。

2.17

竞争磋商 competitive consultations

采购需求模糊或需要征求供应商意见的复杂项目且具备一定竞争条件，采购人与符合条件的供应商就采购工程、货物和服务事宜进行讨论对话、谈判磋商，最终完善、确定采购文件和合同条款，采购人依据磋商小组评审后提交的磋商报告和谈判顺序，与供应商依次进行财务谈判，最先达成协议的供应商为成交人的采购方式。

2. 18

单源直接采购 single – source procurement

在卖方市场条件下，向单一供应商征求建议或报价的采购工程、货物或服务的采购方式。

2. 19

多源直接采购 multi – source procurement

在不具备竞争要素的买方市场条件下，向多家供应商征求建议或报价的采购工程、货物和服务的采购方式。

3 采购流程和通用要求

3.1 采购寻源

3.1.1 供应商入库

应建立与企业生产经营有关的供应资源库，其中供应商名录宜通过招标方式确定。

【释义】

Souring（寻源）就是寻找资源，采购寻源就是寻找合格的供应商。供应资源库也称供应商库。依据行业不同或方便管理，供应资源库可依据工程、货物或服务的不同需要，分为承包商库、供货商库或服务商库；本标准统称为供应资源库。

供应资源库、咨询专家库和电子采购平台（俗称"两库一平台"）是企业采购的重要基础工程。

企业供应资源库的建设应尽可能满足信息数据的完整性、时效性、连续性。即包括企业法人、非企业法人和自然人在内的主体征信数据库；包括内置质量（安全）信用数据的各类供给资源库；包括采购、结算、物流等采购管理和应急处理在内的动态数据库。三个数据库中的所有数据经过结构化处理后，应满足向公司各部门提供标准化数据（或特征变量）服务的要求。

在数据采集方面，一是通过供应商信息登记系统，自行采集公共采购领域相关主体的征信数据；二是通过与已经建立的各级政府、行业组织、大型企业集团等社会信用信息平台进行数据交换，建立全国统一、专业、标准化的行业采购领域主体信用信息库。此外，还应引用现代物联网技术，实现对供给资源的状态、分布、规模、权属等信息的归集和处理，进一步提升企业采购的管理能力。实现行业采购领域基本数据的完整性与连续性。

企业在寻源过程中具备招标条件的应采用本标准规定的招标方式确定入库供应商，必要时，也可依企业制度规定采用其他方式确定特殊供应商。

通过集中采购或框架协议组织形式确定的供应商，应视为资格预审合格的供应商，企业实施采购时可不再对其资格进行审查。

3.1.2 供应商资格审核

3.1.2.1 基本信息审核

3.1.2.1.1 采购寻源应收集供应商基本信息。

3.1.2.1.2 基本信息宜至少包括法人资格证书，营业执照，基本存款账户，资质证书，质量、环境、安全、职业健康管理体系证明文件，业绩及社会信誉等。

3.1.2.1.3 应对供应商基本信息的真实性核实和确认。

【释义】

收集供应商基本信息是通过各种采购方式确定入库供应商的前置环节。

本条第二款规定了企业应收集拟入库供应商的基本信息。包括工商管理部门公开的供应商财务信息、组织结构等基本信息以及其他反映企业资质和业绩等方面的信息，如供应商产品质量、价格、交货能力、服务水平、柔性能力和财务状况稳定性等方面的相关信息，还有供应商联系人的相关信息。采购活动前的信息收集有助于降低企业采购活动中所需要投入的信息收集成本。

第三款规定了企业对供应资源库基本信息真实性核实和确认的程序，该程序有利于企业降低采购成本、提高采购效率，由于行业差别很大，因此核实的方法、手段和责任由企业结合自身情况制定。

3.1.2.2 能力评估

3.1.2.2.1 应对供应商进行综合能力评估。参加评估的部门和人员应包括采购需求、供应、相关技术部门的专家以及负责供应商管理的人员。也可委托第三方专业机构对供应商能力进行评估。

3.1.2.2.2　能力评估内容宜至少包括：寻源供应商财务状况、商务能力、技术与服务能力、生产能力、质量能力、环境保护、社会责任、可持续发展能力和战略合作意愿等。

【释义】

能力评估指供应商履约能力的评估。本条款规定了评审的主体，包括企业使用、供应、相关技术、供应商管理等部门的专业人员。评估主体可以是临时组织，也可以成立兼职的评估委员会，依制度定期对供应商履约能力进行评估；也可委托第三方评估。如奶制品企业规定，众多奶源供应商的供货质量由第三方专业部门评价，更具有专业性和公正性。

在签订合同前，供应商能力评估主要通过采购的符合性条件和资质、业绩条件等进行评估；之后企业应记录入库供应商参与投标和中标后履行合同的信息，包括信誉、诚信记录和履约情况的评价信息，如业绩情况、管理能力、价格竞争力、质量安全环保管理体系、交付能力、服务能力、技术和工艺方案、战略合作意愿、信息化和创新管理水平等。

案例：物流采购供应商能力评估（见表3－1）

表3－1　　　　　　　　Dickson 的供应商选择准则[①]

排序	准则	均值	评价
1	质量	3.51	极端重要
2	交货	3.42	相当重要
3	历史效益	3.00	相当重要
4	保证	2.84	相当重要
5	生产设施/能力	2.76	相当重要
6	价格	2.76	相当重要
7	技术能力	2.55	相当重要

① Dickson，G. W. 对供应商选择制度和决策的分析［J］. 采购杂志，1996：5－17.

续　表

排序	准则	均值	评价
8	财务状况	2.51	相当重要
9	其他：遵循报价程序、沟通系统、美誉度、管理与组织、维修服务、态度、形象等		一般重要
10	往来安排		稍微重要

3.1.2.3　信用评价

宜通过第三方征信和评价，建立供应商的征信和评价机制，建设满足相关法律、法规和技术标准以及公司和外部最终用户要求的企业供应资源库。

【释义】

信用评价是供应商资格审查的内容之一。采购人根据社会综合信用体系、企业内部信用管理体系的基本要求和公司业务的需求，可以引入第三方征信和评价，以账期①设定和资金占有率为风险控制目标，建立企业供应链相关企业的征信和评价机制，确保入选供应商是经过适当的评估与验证，从而满足相关法律法规标准要求、质量标准以及公司和外部最终用户要求。

第三方征信和评价机构由供应商自主选择；第三方征信和评价机构应当在所在地的中国人民银行省会（首府）城市中心支行以上的分支机构备案。

案例：第三方信用评价

委托第三方评价重要供应商对企业规避风险非常重要。

所谓第三方信用评价就是对参与提供货物、服务、工程的各类商业交易的供应商履约能力和履约意愿进行科学、合理、公正的评价。其反映的是受评主体在提供产品、服务或参与项目建设的前期、实施和竣工验收的各个阶段在执行国家相关法律、法规及政策，履行相关合同和对合同履行的组织、

---

① 账期是指从生产商、批发商向零售商供货后，直至零售商付款的这段时间周期，其本质是零售商（卖场）利用时间差对供应商资金的占用。

管理方面的表现情况。其核心是评价企业是否具备履行相关合同所需的专业和技术能力、财力资源和经营管理能力。

北京某信用管理公司受理社会企业第三方评价。他们对供应商主体信用评价不仅包括评价受评企业的信用风险，也包括充分考虑其他外部环境，特别是市场因素的变化对受评供应商信用能力的影响，因此，公司主体信用评价也同时揭示了受评企业经营的稳定性以及市场条件变化对企业信用能力的影响，揭示其是否具备可持续性的责任能力，并对企业的经营稳定性，包括对外部环境变化，企业自身的适应能力及临界表现给予说明。

该公司在构建供应商主体信用评价的方法论时，主张定性与定量结合的方法，并充分考虑宏观经济环境、产业发展趋势、政策和监管措施等外部因素和基本经营、管理素质等企业内部因素对企业履约能力的影响。同时积极吸收国内外信用评价机构的先进理念及合理内核，即揭示和预警风险，结合受评主体的具体情况，对影响其未来偿付能力的各种因素进行系统而深入的分析；特别注重经营现金流的变化以及覆盖相关债务的水平；强调对各因素变化规律的了解与把握；强调同类企业的对比等。

3.1.3 供应商管理

3.1.3.1 **总则**

应对入库供应商进行分类、分级管理，定期进行合格评定，奖励优秀供应商，建立合格供应商动态管理机制。

【释义】

企业供应商管理制度应包括分类、分级管理制，定期考核和动态管理制度。有研究表明①，如果没有后续的合同管理，战略寻源、集中采购75%的节支会在18个月内消失殆尽，如图3-1所示。因此，企业应通过建立健全制度加强对供应商的管理。

3.1.3.2 **分级管理**

应依据入库供应商及其产品的业绩情况、管理能力、价格竞争力、质量

---

① 中国石油天然气集团有限公司《公开招标相关问题研究》第三篇公开招标与资源库的关系研究。

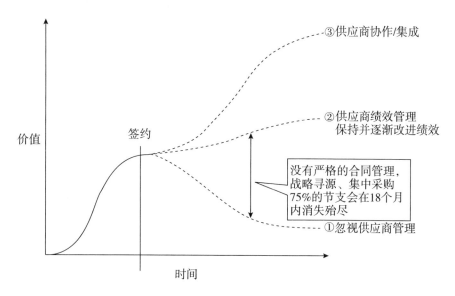

图3-1 供应商管理时间和价值关系示意

和环境管理体系、交付能力、服务能力、技术能力、战略合作意愿、信息化、信用等级和创新管理水平进行分级管理。

【释义】

分级管理是企业供应资源库管理的主要制度之一。本条规定了供应资源库分级管理的基本要素。依据工程、货物和服务项目性质的不同，上述条件的重点和内容也有所侧重。如供应商可分为A、B、C三级。A、B级物资供应商为主要采购供应商。A级物资供应商数量控制在总量的5%以内；B级物资供应商数量控制在总量的15%以内。考评不合格的供应商给予中止交易、取消准入资格的处理。

3.1.3.3 动态管理

应通过透明的供应资源库管理制度，对入库供应商进行有效的供应商生命周期管理。在现有供应商的有效生命周期尚未结束之前，采购人应开始寻找合适的新供应商；经程序补充一定数量新的供应商入库，替代考核淘汰的供应商。

【释义】

企业供应资源库的动态管理包括以下两方面内容。

一方面，应制订完善的资源库准入、评价、退出机制，严格入库审核，对入库企业建立完善的全生命周期评价体系，实施日常评价与定期评价结合的办法，对于确实符合退出标准的供应商，企业应严格执行有关制度，切实发挥供应资源库的作用。

另一方面，加强动态管理还包括管理制度的动态调整。随着企业发展战略的改变、管理模式及其他因素变化，企业在保持制度相对稳定的基础上，也应适时调整资源库管理制度及相关准入、评价标准，以适应不断发展变化的新形势。

案例：供应商运营监测

对入库重要供应商的运营监测可委托第三方信用管理公司实施。

北京某信用管理有限公司受用户委托运用大数据技术、以动态的方式监测其产业链中所有供应商的信用风险变动状况以及趋势。从产业链内供应商主体数量、质量、能力和公共信用信息四个方面的经济运行数据进行运营监测。

具体方法是：通过建立数据收集系统、信用风险评价系统，对全产业链实施数据采集与风险评价；将行业内信用信息变化实时传达至信息使用方。在行业层面，达到行业信用风险实时发布，行业信用风险信息实时查询，形成产业链各行业、区域等多维度信用报告。从而在总体上提升防控行业风险能力，掌控风险变化情况与趋势，并及时、动态地进行风险揭示。在主体层面，通过信用风险发现和计量技术，对供应商信用风险进行量化分析，通过指数趋势判别和信息动态采集，实现动态监测和风险预警，为供应商动态管理提供数据支持。

3.2 采购咨询

3.2.1 应通过聘请或遴选的方式组建集团或企业采购咨询专家委员会，参加企业采购项目需求论证、确定采购组织形式和方式评估、采购文件咨询、采购项目评审、采购合同咨询等各类专项技术咨询活动。专家委员会咨询专家可从企业外部聘任。

3.2.2 聘请参加咨询活动的专家应执行回避制度。

【释义】

企业采购咨询和采购寻源都是具有同等地位的战略性基础建设。鉴于采购活动的经济、管理、技术和法律属性，企业应当组建采购咨询专家委员会，也可称为咨询专家库。

本条第一款首先规定了企业咨询专家委员会专家产生的办法：聘请和遴选两种方式。其中，关于聘请，本条指针对行业和社会公认的知名专家直接颁发专家任职聘书；遴选原意指慎重地选拔挑选，本条规定指通过推荐等方式在更大范围内挑选专家，这类专家可能名气不太大，教育背景相对不够优秀，但确实具有真才实学和实践经验。这类专家大都工作在生产或采购一线，应充分发挥他们在企业采购中的咨询作用，不能因为学历、职称等条件对其有所限制。其次，本条还规定了咨询委员会主要的工作范围和内容。咨询委员会对采购项目的评审只是其工作内容之一，因此，该机构称之为咨询专家委员会而没有定义为评审（标）委员会，专家信息库称之为咨询专家库而不是评审（标）专家库。

本条第二款规定了专家的回避义务，回避制度由企业自行规定。

3.3 选择采购平台

3.3.1 宜通过电子采购平台实施采购。

3.3.2 所选用的电子采购平台应至少具备采购信息公开、需求与计划管理、采购组织形式和方式选择、采购流程实施、合同签订、合同管理等功能，满足信息安全、全程留痕可追溯、费用收支与管理、大数据分析、采购过程管理和采购业务监督等要求。

【释义】

交易就是泛指买卖。商品买卖的展开与拓展，买卖双方总是要借助于一定的外部形式，即交易方式。采购方式的发展，促进了市场的繁荣，直接影响了市场的发展和交易的结果。

采购平台指交易的媒介，传统的交易平台包括集市、商城、订货会等传统渠道。

近年来，电子交易方式以虚拟化、跨时空的特征横空出世，电子采购平台的经济性与方便性使虚拟交易的规模井喷式发展，它大大降低了交易成本，对实体经济的发展产生了革命性的影响。

本标准将企业电子媒介称为电子采购平台，没有采用电子交易平台的称谓是为了区别《电子招标投标办法》中政府公共采购中关于平台的定义。在该办法中，电子媒介分为管理、交易和监督三个平台。本标准所称平台是企业管理平台的组成部分，兼有企业管理、交易和监督的全部功能。

本标准规定，只要条件允许，企业应优先选用电子采购平台实施采购。同时对该平台的基本功能做了规定，包括：采购信息公开、需求与计划管理、采购组织形式和方式选择、采购流程实施、合同签订、合同管理六项基本功能，涵盖了企业采购管理的主要环节。同时体现了电子化采购公开、高效、便捷的优越性。

在具备企业采购管理基本功能的基础上，本标准提出了平台应当满足的主要基本要求。

（1）信息安全。

信息安全是电子交易媒介的基本要求。企业采购平台可参照《电子招标投标办法》及其规范的有关规定执行。该办法技术规范 8.2 是关于安全性的规定，包括：身份标识与鉴别、电子签名、电子加密和解密、访问控制、通信安全、存储安全、资源控制、数据安全及备份恢复、安全缺陷防范、安全审计十个方面。采购平台建设应满足上述规范要求。

（2）全程留痕可追溯。

《电子招标投标办法》第十四条规定："电子招标投标交易平台运营机构应当采取有效措施，验证初始录入信息的真实性，并确保数据电文不被篡改、不遗漏和可追溯。"

本条是对电子采购平台信息真实可靠性管理的要求。电子传输的属性之一就是信息痕迹的可追溯性，具有方便行政监督部门监督的优点，但同时也容易篡改。这就需要平台软件的设计有验证数据真实性的检验程序、防止篡改的保证程序，确保数据录入后不被篡改、不遗漏和可追溯。

（3）费用收支与管理。

企业采购平台是企业资金管理中心的子系统。企业采购的费用和收支管理是企业采购合同管理的重点；企业应通过企业采购平台实现采购活动从采购预算管理、计划管理，以及合同管理的全过程实现电子化，提高企业资金利用率，保证资金安全。

（4）大数据分析。

大数据分析指运用大数据技术对企业采购数据的挖掘、分析和处理，帮助企业识别能够满足企业生产需要的最有价值的供应商；不断提升企业的生产、运营管理水平和风险识别及防范能力。有"大数据之父""大数据时代的预言家"之称的奥地利数据科学家维克多·迈尔·舍恩伯格表示："数据将成为配置经济资源的核心要素。"舍恩伯格认为：分享、开放、透明是大数据的核心要义，建立互信、协同合作才能让世界受益于大数据。企业采购平台每天产生海量的数据，具有分享、开放、透明的特征，充分挖掘、分析、利用这些数据，可以产生巨大的经济效益，包括企业采购中特定项目的人工智能采购。

（5）采购过程管理。

企业采购可以通过多种采购方式完成，每种采购方式使用的项目背景和条件不同，每种采购方式过程管制的重点也不同，企业采购平台应满足各种采购方式过程管理的要求，保证流程畅通、信息公开透明（除了需要保密的信息外）。

（6）采购业务监督。

鉴于国有企业资金的公共属性，企业采购平台还应当满足企业监督部门在线查看采购计划、项目执行、供应商响应、专业评审、成交结果、合同签订、履约验收、档案管理等全过程以及在线监督的要求。本标准强化了采购人的权利，因此必须通过公开性加强监督，保护国家和企业的利益，保护采购人在廉洁公正的环境下最大限度地发挥主观能动性，为企业节约每一个铜板，为企业创造更大的财富。

3.4 采购需求计划

3.4.1 提出需求计划

采购人应依据生产、经营计划提出采购需求计划建议书，在同等条件下，应优先选用绿色产品、节能产品。需求计划建议书应包括：

——采购标的名称、数量、规格及需实现的功能或者目标；

——采购标的应执行的相关国家标准、行业标准、地方标准或者其他标准、规范；

——采购标的应满足的质量、安全、物理特性等要求；

——采购标的交付或者实施的时间和地点；

——采购标的应满足的服务标准、期限、效率等要求；

——采购标的验收标准；

——采购标的其他技术、服务等要求；

——采购预算；

——采购组织形式和采购方式建议。

【释义】

企业使用部门提出并编制采购需求是企业采购流程的首要环节。

在项目采购中需求计划书依据项目 WBS（Work Breakdown Structure，工作分解结构）分解任务书编制，运营采购的需求计划书基于生产经营计划任务编制。

WBS 是以可交付成果为导向对项目要素进行的分组，它归纳和定义了项目的整个工作范围，每下降一层代表对项目工作的更详细定义。WBS 是制定进度计划、资源需求、成本预算、风险管理计划和采购计划等的重要基础，同时也是控制项目变更的重要基础。创建 WBS 是把项目可交付成果和项目工作分解成较小的，更易于管理的组成部分的过程。项目范围是由 WBS 定义的，所以 WBS 也是一个项目的综合工具。其主要分为纲要性工作分解结构、项目纲要性工作分解结构、合同工作分解结构三种。

运营采购的需求计划根据企业工作令号及其相应工艺文件汇总提出。

本条第一款规定了采购基本原则，在同等条件下优先采购绿色产品、节能产品，体现国有企业的社会责任。

第二款参照《政府采购货物和服务招标投标管理办法》（财政部令第87号）第十条，规定了需求计划任务书的主要内容，依次为采购目标、采用标准、技术条件、实施时间地点、伴随服务、验收要求等。本标准在此基础上增加了预算和对采购组织形式、采购方式的建议等要求。

采购人依据项目不同可选用全部或部分内容。

3.4.2　评估需求计划

3.4.2.1　达到一定规模或特殊要求的采购项目，采购人可从企业咨询专家委员会选取若干专家组成专项咨询小组对采购项目进行采购前期咨询，咨询小组应及时向采购人提出评估报告。

3.4.2.2　评估报告应包括：

——对采购需求的评估意见；

——对预算的评估意见；

——对采购组织形式、采购方式建议的评估意见。

【释义】

本条第一款所说的达到一定规模或特殊要求，是指采购合同金额较大或采购对企业生产具有重要战略意义。为降低采购风险，本标准规定了评估程序。需要评估项目的规模和范围由企业制度规定。

在企业规定的范围内，采购人负责组建评估小组，评估小组完成评估后，有向采购人报告的责任和义务。

本条第二款规定了评估的三项内容，即需求的合理性、预算的准确性和采购组织形式和采购方式的科学性。其中采购需求的合理性包括了采购需求分析、采购需求量化、需求和要求的逻辑关系匹配、要求指标量化、收益性价比分析、市场测试修正等内容；预算的准确性和采购组织形式、采购方式的评估既要考虑采购项目本身的特点，也要研究市场供应的状况，其准确性和科学性最终应通过采购项目的绩效评价予以验证。

3.4.3　编制采购计划

职能部门应依据企业采购需求汇总并编制采购计划。具备集中采购的宜编制集中采购计划。

【释义】

企业职能部门包括生产计划、供应等部门，关于确定集中采购组织形式的，执行3.5.2的规定。

3.4.4　批准采购计划

职能部门应依制度程序批准采购计划。

【释义】

企业采购计划由企业职能部门评估、汇总后，依照管理程序经责任人核准或审批进入执行程序，并通报企业相关部门。

3.5　确定组织形式和采购方式

3.5.1　确定采购组织形式原则

应依据采购项目的特点选择集中采购、框架协议采购或企业制度规定的其他组织形式。

【释义】

从执行采购职能的形式划分：企业采购组织包括分散采购、集中采购或混合采购，本标准重点规定了集中采购的使用规则。

从采购需求和制度安排考量，框架协议也是企业常用的组织形式。中国招标投标协会颁布的《招标采购代理规范》将框架协议定义为集中采购的一种形式：

"2.18.2.3 协议集中招标采购

集中采购的组织模式之一。对于通用性强、一定时期内采购频次高的标的物，招标人集合一定时期内的采购需求，按照确定供应商、确定份额、确定单价的方式进行招标，形成某一特定份额的唯一中标人。协议集中采购应明确每一标段/标包的份额分配比例，合理预估采购数量，并宜明确设定采购数量上限或上限比例。"

本标准没有采纳上述定义。因为虽然两种组织形式确有相同之处，如采购与使用分离是其共同点。集中采购也可以订立框架协议合同。但是，集中采购订立框架协议只表示其合同形式而不是执行框架协议程序。集中采购和框架协议组织形式的目标效应、适用条件和合同性质完全不同：

（1）目标效应不同。

——集中采购的目标效应主要是降低合同成本；

——框架协议的目标效应主要是降低交易成本。

（2）适用条件不同。

——集中采购实效性差，不适用采购频次高的采购；

——框架协议主要针对重复采购和紧急采购。

（3）合同性质不同。

——集中采购订立的合同签订后成立并生效，供应商风险较小；

——框架协议订立的协议是预约合同，供应商有一定风险。

总之，企业在制订采购计划评估或计划书时，应确定采购组织形式及其配套采购方式。其中，符合企业集中采购目录内的应实施集中采购，符合企业框架协议目录内的采用框架协议采购，在一定条件下两者也可以结合，通过集中采购签订框架协议合同。

3.5.2　集中采购

3.5.2.1　使用规则

集中采购使用规则如下：

——集中采购宜和第 4 章规定的采购方式（单源或多源直接采购除外）组合使用；

——集中采购合同形式包括商业合同、特许经营合同，以及连锁经营、代工生产、售后维护服务等合同。

【释义】

集中采购是相对于分散采购的一种集约化的采购组织形式。采用集中采购组织形式的目的是通过集采效应降低企业采购合同成本。集中采购可通过本标准规定的招标或其他采购方式组织采购，但排除了单源、多源直接采购方式。希望通过竞争性的采购方式和集中采购组合，以降低合同成本。集中采购的合同形式包括了一般商业合同、特许经营合同等多种形式。

（1）集中采购。

集中采购的优点：降低采购费用；实现批量采购，获得供应商的价格折扣；有利于采购作业标准化；有利于对采购工作的有效控制；降低库存。

集中采购的缺点：采购过程复杂，时效性差；非共用性物资采购，难以获得价格折扣；采购与使用分离。

（2）分散采购。

分散采购的优点：针对性强；决策效率高。

分散采购的缺点：可能增加采购成本，包括交易成本和合同成本。

（3）混合采购。

混合采购的优点：方法灵活，有针对性地采购部分商品。

混合采购的缺点：如管理不当，会造成各自为政。

3.5.2.2 适用条件

集中采购适用条件如下：

——企业集团或跨国公司中能够形成一定规模优势的大宗、批量且标准化程度高的同类货物或服务。

示例1：大批量生产零部件、大宗生产原材料或战略物资储备等。

——企业采购中的内部关联项目。

示例2：企业"电教"项目，既有"网络工程"项目，也有电视、电脑等物资采购，对此无须再拆分或细化成"工程"项目与"商品采购"项目，应打包委托集中采购。

【释义】

本条规定了集中采购的适用条件，具体如下。

第一项是批量项目的集中采购。批量集中采购的要件，一是应有规模数量要求，二是同类采购标准化程度较高；一般采购的标的是货物或服务。

第二项是关联项目的集中采购。关联项目采购不同类别、标准化要求不高且和工程或技术属性相关的项目，采购标的除了货物、服务，还包括工程。

3.5.2.3　集中采购的形式

3.5.2.3.1　采购人进行批次集中招标采购时，可将某个或者多个项目的同类或者多类标的物，按批次打捆实施采购，每个批次下可以划分多个标段或标包，每个标段或标包应确定唯一的中标人。

3.5.2.3.2　集中采购进行资格预审时，可针对重复采购的特定标的物，将多次采购的资格预审一次性完成，形成有明确有效期的合格供应商名单，在有效期内每次采购时，向名单内所有供应商发出采购邀请。

【释义】

本条第一款规定了同类或多类货物批次集中招标采购的组织形式。

批次集中招标采购是对企业内多个项目的同类，或符合集中批量要求的多类标的物打捆招标，通过批量招标采购获取最优惠的合同条件。批次集中分为同类和多类两种情形，其中多类包括关联采购；关联集中采购也可以不一定构成经济批量，主要是考虑管理成本。

该类招标批量大，对供应商有吸引力。考虑到供应商的供货能力，如果需要多个中标人共同完成采购任务，首先要划分可以承受的标段，招标后每个标段只能有唯一中标人，防止确定多个中标人，签订合同随意性较大的弊端。这同框架协议组织形式不同，后者可以确定不止一个中标人。

本条第二款规定了不针对项目，针对采购"供应商"的采购。即通过资格预审确定供应商库的企业名单，以保证采购质量和效率，该办法是供应资源库管理的方式之一。但是应当通过公开和加强监督管理防止行业垄断和排斥行业外潜在投标人。

注意：（1）集中采购不适用于小额分散、采购频次较高的全局性资源采购，该类采购可以选用竞争谈判，通过定点服务和协议供货的合同方式，确定定点协作单位或供应商，在满足规模效应的同时提高采购的时效性。

（2）批次集中采购和关联集中采购都属于集中采购，但是采购中应当注意适用条件的区别，批次集中采购的主要目的是降低合同成本，关联集中采购主要目的是降低管理成本。当增加的管理成本超过合同的节约成本时，应采用关联集中采购的方式，如企业的模块、总成的采购均属于集中采购。

3.5.2.4　实施流程

3.5.2.4.1　制定目录

应依据能够产生集采效应的标准，结合生产经营情况制定并发布纳入企业各级采购部门集中采购的工程、货物和服务范围的目录清单。企业集中采购目录应随企业生产经营需要和市场变化及时进行调整。目录有效期限宜以年度为限。

3.5.2.4.2　分类管理

企业应依据不同类型采购项目特点，明确执行部门和具体的采购实施程序。

3.5.2.4.3　确定方式

集中采购宜采用招标方式，不符合招标方式条件的项目，可采用其他采购方式。

3.5.2.4.4　分段实施

集中采购可在一阶段内完成，也可在两阶段或多阶段完成。

【释义】

集中采购的流程一般分为制定目录、分类管理、确定方式和分段实施四个步骤。上述流程的细则一般通过企业集中采购制度规定。目录一般以年度为限，实时进行调整。

集中采购是采购的组织形式，因此必须通过各种采购方式的组合才能实现采购目标。本条规定凡是符合招标的，应当优先采用招标方式，但这种招标采购不属于依法必须招标的情形，应执行本标准规定的程序，在公平的基础上提高采购效率。

集中采购也可以通过本标准中除直接采购之外的其他方式进行。

集中采购的合同可以一次执行完毕，也可依合同约定分批执行。

3.5.3 框架协议采购

3.5.3.1 适用规则

框架协议采购适用规则如下：

——框架协议采购宜和第4章规定的采购方式（单源或多源直接采购方式除外）组合使用；

——框架协议合同形式包括供货安排、交付期不定或交付量不定的合同、任务订单、目录合同、总括合同、依程序签订定点服务和协议供货合同等。

【释义】

"框架协议"原指基于重复采购的一种合同形式。但"框架协议采购"则构成一种采购的组织形式。框架协议采购必须同各种采购方式组合使用才能实现采购目标。和示范法不同，本标准将单源直接采购方式排除在和框架协议组合的范围之外。一是企业通过单源采购签订框架协议的情形不多，二是考虑到框架协议组织方式的弊病，其配套的采购方式应当具有竞争性。

框架协议招标中标人可以不止一个，即只确定单价、规格型号，不确定数量。实践中如果缺乏有效监督，在实际签订供货合同时，合同签订方随意性很大，约束管理可能流于形式。企业应当通过完善监督体制，在发挥其优越性的同时，把腐败的风险降到最低。如实行动态价格监控制度、采购公示制度等。

依据示范法对采购实体的解释，可以允许不止一个采购人适用已经生效的框架协议。

如在同一集团公司内，有子公司已经采用招标或其他竞争方式签订框架协议。其他子公司采购同类项目，且采购"标的"的型号及技术参数同已经签订的框架协议的标的型号、技术参数一致。在使用质量和售后服务良好的前提下，可不再重新招标，直接共享其他子公司框架协议结果。

框架协议的合同形式有任务订单等多种形式。该类协议由于没有数量、供货期或服务期等约定，没有形成合同所需的全部实质性要件，属于"必须缔约说"的预约合同，之后，依据框架协议签订的本约合同完全实现了协议双方各自的意思表示并形成法律关系。

通过预约和本约两阶段合同实现采购目标，是框架协议采购区别于集中采购组织形式最重要的法律特征。

3.5.3.2 适用条件

框架协议采购的适用条件如下：

——对采购"标的"的需求预计将在某一特定时期内不定期（不定期是指不清楚需要的程度、时间和数量及采购频次）出现或重复出现。

示例1：不定期出现如办公用品、房屋维修合同等；重复采购如能源供应、教科书等。

——市场竞争激烈的需要定期或重复采购但数量不定的商品类采购。

——不止一个供应来源"标的"的采购；也适合估计今后可能会紧急需要"标的"的采购。

示例2：不止一个来源"标的"的采购，如电力供应。

示例3：紧急需要"标的"的采购，如药品，避免使用单源直接采购而导致价格过高或质量低劣的情形。

【释义】

框架协议采购组织形式的适用条件包括两个类别，但基本条件是重复性采购或紧急采购，有时紧急和重复还会同时出现。重复采购分为定期或不定期的采购，此外合同标的的数量、实施时间一般也不确定。

企业生产过程中的运营采购一般依据生产计划确定，但是由于环境的变化，有时会发生突发事件，如石油行业由于地质条件需要增加砂石供应；电网在恶劣气候条件下的抢修任务需要采购电网器材的供应等。因此框架协议组织形式在企业采购中得到普遍的应用。

企业不可预见的紧急采购可以采用竞争谈判和直接采购的方式，其中直接采购的紧急程度比谈判采购更为紧迫。适用框架协议采购的紧急采购主要针对可以预见、重复性采购中的紧急采购，由于框架协议已经对合同价格做了规定，企业在出现突发紧急采购时可以避免供应商坐地起价或降低质量等采购风险。

3.5.3.3 框架协议的形式

实施框架协议采购时，应提前明确是否属于封闭式或开放式框架协议。

如采用封闭协议，则供应商可在第一阶段的公告有效期内随时提出加入框架协议供应商库的申请，且提交书为最后提交书，在采购第二阶段，供应商之间可没有进一步竞争。如采用开放协议，则供应商第一阶段的提交书为"临时"提交书，并应在第二阶段进行另一轮竞争。

【释义】

框架协议采购在示范法中称为"制度安排"，分为两类三种形式。即开放式和封闭式两类，其中封闭式又分为第二阶段不再竞争和继续竞争两种形式。

本标准归纳为封闭式和开放式框架协议形式两类，涵盖了示范法中的三种形式。

1. 封闭式框架协议

该类协议包括第二阶段不再竞争和继续竞争两种形式。

封闭式框架协议的含义是通过招标或其他采购方式签订的框架协议在协议生效期间，其他供应商不能再加入本协议，入围供应商经过竞争成为合格的潜在供应商，合同实施时，采购人可依协议价格直接签订合同采购，其竞争性主要体现在第一阶段；但是采购人认为需要也可以进一步竞争，如通过询比、竞价等方式竞争后签订合同，但应在协议中说明。

该类协议常用于企业常规不能确定采购数量的物资或设备采购，也可用于供应资源库确定供应商的一次性资格审查。

2. 开放式框架协议

该类协议在第二阶段体现竞争。封闭式框架协议第一阶段的程序通过采购方式的程序确定，开放式框架协议的程序由示范法第六十条规定，即邀请函在互联网长期公示，在有效期内符合条件的供应商可以随时加入协议，邀请函还应明确采购人审核供应商申请的时间要求，回复时间不应过长，这是开放式框架协议的关键特征。

在该类协议第二阶段如具备竞争条件应选用竞争性较强的采购方式签订合同。

开放式框架协议一般适用于小规模定期采购，但数量不确定的简单标准化项目。

3.5.3.4 实施流程

3.5.3.4.1 制定目录。企业应结合生产经营情况，制定并发布纳入企业各级采购部门可采用框架协议采购的工程、货物和服务范围的目录清单。企业框架协议采购目录应随着依据企业生产经营需要和市场变化及时进行调整。目录期限宜以年度为限。

3.5.3.4.2 选择框架协议对象。

3.5.3.4.3 选择框架协议对象的方式。宜采用招标方式进行。

3.5.3.4.4 制定规则。邀请供应商参加框架协议采购之初，采购人应向其提供资格条件、评审办法等信息并告知：

  ——与一个还是多个供应商订立框架协议；

  ——与不止一个供应商订立框架协议时，应明确加入框架协议供应商的最低数目或最高数目；

  ——框架协议标的种类和类别；

  ——框架协议的形式、条款和条件。

3.5.3.4.5 采购人组织采购活动。采购人签订框架协议，框架协议只确定标的物的价格或价格形成机制以及合同的其他条款，但不确定采购的数量或采购时间。

3.5.3.4.6 企业使用部门签订采购实施合同。在框架协议生效期间，企业使用部门需要供应商提供工程、货物和服务时，使用部门依据框架协议的规则签订并履行采购实施合同。

【释义】

框架协议采购流程包括制定目录、选择对象、确定采购方式、制定规则、组织采购、签订履行合同等步骤。其中制定规则参照示范法第五十八条确定，主要是针对第一阶段的规则要求。第二阶段的规则由选择的采购方式确定。

3.5.3.5 框架协议的内容、条款和条件

3.5.3.5.1 框架协议应以书面形式订立，并载明：

  ——框架协议期限，期限的确定既要满足重复采购的需要又要考虑合同风险的增加，宜以年度为限；

  ——采购标的说明以及确立框架协议时已经确定的其他所有采购条款和

条件；

——确立框架协议时无法充分准确确定采购条款和条件的，应告知在已经知道的范围内对此种条款和条件的估计；

——与不止一个供应商订立封闭式框架协议的，应确定第二阶段的采购方式；

——如果进行第二阶段竞争以授予框架协议下的采购合同，其程序和开放式框架协议的规则相同；

——框架协议下的采购合同将授予价格最低的响应文件还是最有利的响应文件；

——采购合同的授予方式。

3.5.3.5.2　与不止一个供应商订立封闭式框架协议，应视为所有当事人之间订立了一项协议。采购人可在第二阶段签订的协议中针对特定情形分别有所调整，并同时相应记录和不同条款之间的差异。

示例：特定情形如知识产权。

3.5.3.5.3　框架协议还应包含框架协议有效运作所必需的一切信息。

示例：如何查取该协议、该协议下即将授予采购合同的通知和联系方式等。

【释义】

本条参照示范法第五十九条的规定制定。

第一款规定了协议的主要内容和条款。框架协议属于预约合同，和本约合同相比，协议期限、采购条款、合同相对人数目等规则的约定对双方都会产生较大的合同风险，必须反复衡量，努力实现双赢。

第二款是针对封闭框架协议可能有不止一个合同相对人的专属条款，该款说明对于多个合同相对人应当一视同仁。协议必须透明，信息必须公开，如果在第二阶段有特殊情形需调整，应当记录不同条款的差异。例如和某供应商涉及知识产权合同不能公开应作出说明。

第三款是采用框架协议组织形式公开性的通用要求。

注意：

框架协议组织的招标采购中，中标人可以不止一个，即只确定单价、规格型号，不确定数量。实践中如果缺乏有效监督，在实际签订供货合同时，合同签订方随意性很大，约束管理可能流于形式。发达国家在公共采购中使用框架协议招标采购有其特定的市场环境、道德背景和法律制度做支撑。比如在欧洲，有采购人和供应商较高的道德水准做支撑；在美国，有完善的配套法律做支撑；在韩国，有严密的价格监控机制做支撑。而在我国上述配套条件尚需完善。这种采购制度之所以受到采购人的欢迎，是因为协议供货并未真正触及各地各部门采购人的采购权。同时，采购与使用存在着时间差，采供双方都存在合同价格风险。因此，采购人在选用该方式时，应通过制度保证采购不同岗位的权力制衡，防止职务犯罪，保证采购质量。

3.5.4 确定采购方式

可依据项目的特点选择不同的采购方式，参见附录 A 和附录 B。每种采购方式的适用条件和采购程序应满足第 4 章的要求。

【释义】

采购方式是实现采购目标的工具之一，本标准附录 A 和附录 B 分别针对企业项目采购和运营采购中常见采购活动应当选用的采购方式，提出指导性的建议，采购人应依照本标准第 4 章的有关规定采用其中最适当的采购方式并执行相应程序。

3.6 采购文件

【释义】

采购文件有广义和狭义的区别。

广义的采购文件指采购活动记录、采购预算、采购文件、响应文件、评估报告、成交通知书、合同文本、验收证明、质疑答复、投诉处理决定及其他有关文件、资料等。

狭义的采购文件指采购人或其委托的代理机构，依据采购项目的需求和特点编制的，说明采购项目技术要求，告知采购人采购须知、成交标准以及合同条款、格式文件等内容的采购邀约邀请书。

本条规定指狭义采购文件。

采购文件是采购活动的纲领性文件，具有以下作用。

一是采购人表达采购愿望的申明；

二是采购人描述拟采购标的物的商务和技术条件说明；

三是采购人依法制定的采购活动的游戏规则（包括程序、内容和办法）；

四是采购人和成交人签订书面合同的基础和依据。

3.6.1 编制采购文件

3.6.1.1 采购公告或采购邀请书

3.6.1.1.1 采购人应自行或委托采购代理机构编制采购公告或采购邀请书。

3.6.1.1.2 采购公告编制应满足以下要求：

——在采用具有竞争条件的采购方式时，应通过在企业指定媒介发布公告的形式邀请不特定供应商参与采购活动；

——采购公告的内容应包括：载明采购人的名称和地址、采购项目的性质、数量、实施地点和时间以及获取采购文件的办法，还应注明是否接受联合体、是否采用电子方式并注明网址以及项目负责人的联系方式；

——采购公告的期限由企业制度规定。

3.6.1.1.3 采购邀请书编制应满足以下要求：

——在采用不具备竞争条件或有一定竞争条件但属于时间紧迫的采购方式时，宜采用邀请书直接邀请供应商参加采购活动；

——邀请书应通过企业指定媒介发送；

——除公告的内容外，应要求被邀请供应商在规定时间对是否接受邀请作出回复。

【释义】

采购公告或邀请书是分别针对不特定和特定供应商的邀约邀请，是体现公开采购原则的重要环节。在招标投标活动中，采购公告或邀请书称为招标公告或招标邀请书，其法律意义为缔约合同阶段的要约邀请，是招标人的意思表示。

第二款规定了公告的媒体和内容。其中关于内容的规定参照招标投标法第十六条第二款："招标公告应当载明招标人的名称和地址、招标项目的性质、数量、实施地点和时间以及获取招标文件的办法等事项。"实施条例对此做了补充，增加了联合体和电子招标的规定。

招标公告是针对不特定供应商的要约邀请，同样适用其他采购方式。鉴于采购人行业不同、采购标的物及其复杂性，本标准没有规定公告的期限，应由企业制度规定。

第三款是关于邀请书的适用条件，在邀请采购书中增加了供应商在期限内回复采购人的规定，以避免采购活动流标。

3.6.1.2　采购文件

3.6.1.2.1　采购人应自行或委托采购代理机构编制采购文件。

3.6.1.2.2　采购文件应包括以下内容：

——采购公告或邀请书，供应商须知或谈判要点、评审或成交办法、合同草案、技术要求以及标准化格式示范文件；评审或成交办法应由采购人依据企业制度规定。

——需缴纳投标保证金的，采用现金形式的供应商应从基本户转出；采用非现金形式的应提供银行电子保函；对信用良好的供应商可约定通过提交保证金承诺书的方式进行缔约担保。

【释义】

采购文件在招标投标活动中称为招标文件。

本条第一款规定了编制采购文件的主体：采购人或其委托的咨询机构——招标代理机构。

第二款参照招标投标法第十九条第一款的规定对采购文件的内容做了规定。

采购公告或邀请书是供应商参加采购活动的法律依据；供应商须知、评审或成交办法和合同草案是采购的游戏规则，其中供应商须知是供应商编制响应文件的依据，评审或成交办法是能否成交的标准，合同草案是成交后双方承担的权利和义务；技术要求是采购活动的要约邀请，即明确本次采购的标的、质量、合同期等重要条款；最后还有一些标准化格式示范文件，这是由于采购程序的刚性要求规定的。

在标准化格式示范文件中，规定了两种评标办法。即经评审的最低评标价法和综合评估法。所谓评标办法包括了评标方法、评标程序、评标标准和评标结果四方面内容。实践中，大多数项目采用综合评估法，国际机电产品一般应采用最低评标价法。

确定评标方法、设定相应指标的权值权重是招标人的权利，是体现招标人项目意图的主要手段。也是招标人可能排斥和限制投标人的环节之一。如果说资格条件是对合同"相对人"的选择标准，评标办法的选择则是对合同"标的物"的选择条件。

在非必须招标的项目中，本标准规定由采购人依据企业制度规定决定评审办法。

企业应当依据项目需求和特点、采购方式的要求等，通过制度规定各种行之有效的、可以科学准确确定合同相对人的评审办法。

案例：世界银行（以下简称"世行"）借款人
选择和聘用咨询人的方式①

1. 基于质量和费用的选择（QCBS）

即选择咨询人时考虑质量/技术和报价的选择方式。咨询人同时递交分开密封的技术建议书和财务建议书，雇主先打开和评审技术建议书，然后再打开和评审技术分合格的咨询人的财务建议书。最后加权算出总分，费用的比重一般限定为 10~20 分，但在任何情况下在总分 100 分中不应超过 30 分，例如说技术分（80%）加财务分（20%）最高的咨询人中标。

2. 基于质量的选择（QBS）

即选择咨询人时只考虑质量/技术的选择方式。开始咨询人可以只递交技术建议书，或同时递交分开密封的技术建议书和财务建议书，雇主先打开和评审技术建议书，技术最高的咨询人即中标，然后再递交或打开技术分最高

---

① 本文摘自《世界银行借款人选择和聘用咨询人指南》2002 年版.

的咨询人的财务建议书，进行合同谈判。

3. 在预算固定情况下的选择（FBS）

只有在任务比较简单，能够准确界定，同时预算也已被固定的情况下，这种方法才适用。建议书征询文件应指明可获得的预算，并要求咨询人以不同的信封分别提交其按预算范围编制的最佳的技术和财务建议书。应首先对所有技术建议书按"基于质量和费用的选择"方法中的规定进行评审。然后公开开启价格建议书的信封，超过指定预算金额的建议书应被拒绝。余者中技术建议书得分最高的咨询人应获邀请参加合同谈判。

4. 最低费用选择（LCS）

使用这种方法只适用于标准或常规性质的任务（审计、非复杂工程的工程设计等）选聘咨询人。这类任务一般有公认的惯例和标准。使用这种方法时应为"质量"设定一个"最低"合格分值。按短名单邀请咨询人分两个信封提交建议书。先开启技术信封并进行评审。那些未达到最低分值的技术建议书被拒绝，然后开启财务建议书，报价最低的公司应中选。

5. 基于咨询人资格的选择（CQS）

这种方法可用于很小的任务或者借款人宣布和世行承认的紧急情况。对其而言发出建议书征求文件、准备和评审有竞争性的建议书要求不强。在这种情况下，借款人应准备任务大纲，获得咨询人提供意向书包括与该任务相关的经验和能力情况，最后可能需要通过征求有意后的函件获得尽可能多的公司的经验，至少应获得3家有资格的公司的经验。评审和比较有本咨询任务要求的相关经验和能力的公司，并选择具有最适当资质和相关业绩的公司。仅仅要求被选定的公司提交一份合并的技术－财务建议书，如果其建议书具有响应性并可以接受，邀请其谈判合同。

6. 单一来源选择（SSS）

对咨询人进行单一来源选择不能提供通过质量和费用竞争而带来的好处，且在选择过程中缺乏透明度，并可能对一些不可接受的做法提供便利。所以只有在以下情况中显示出单一来源选择比竞争性选择具有明显的优势，单一来源选择才可被认为是适当的：（a）任务为该公司以前承担的工作的自然连续；（b）处理意外情况，例如但不限于救灾，以及借款人宣布和世行接受的紧急情况；（c）很小的任务；（d）对该任务而言，只有一家公司是合格的或具有特殊价值的经验。

7. 使用国家系统

世行在使用国家系统（UCS）的试点中确定了部分借款国公共采购系统可以为世行接受。这里所指的采用国家系统即指采用国家系统选择咨询人（包括单个咨询人）。在世行批准的试点项目中，借款人可以使用国家系统。

8. 中间金融机构贷款选择咨询人

在贷款是通过中间金融机构转贷给受益人的情况下，例如个人、私营部门企业、中小企业或公共部门中自主经营的商业企业，部分贷款的子项目可采用世界银行确定可以接受的、公认的私营部门惯例或商业惯例。但当贷款资金转贷给公共部门受益人，或涉及复杂的、金额较大的任务也应考虑使用指南所述的竞争性程序。

9. 世行担保贷款下选择咨询人

如果世行为偿还其他贷款人的贷款提供担保，采购该贷款资助咨询服务应该注意，以下几点应满足世行的要求：（a）将采用的程序能够确保借款人勤奋有效地实施项目，所选择的咨询人具有必要的专业资格；（b）所选定的咨询人将按双方同意的时间表执行任务；（c）服务的范围与项目的需要保持一致。世行在该贷款关账后可能审查该贷款的采购活动。

10. 特殊类型咨询人的选择

（1）选择联合国机构。在联合国机构在其专业领域有独特或例外的资格提供技术援助和意见的情况下，可单一来源聘用他们作为咨询人。条件为：（a）这项工作是以前公司承担工作的自然延续；（b）在紧急情况下，如应对灾害以及在紧急情况之后的一段时间内所需要的咨询服务；（c）非常小的咨询任务（低于10万美元）；（d）只有一家公司是合格的或具有特殊价值的经验。

在与联合国机构签订协议之前，借款人应该将完整的理由和协议格式草稿提交给世行，以获得世行的不反对意见。

（2）使用非政府组织。非政府组织是非官办的非营利的组织，它们可能是唯一有资格协助项目准备、管理和实施的机构，这主要是因为它们对当地事务的介入和对当地问题、社区需要和/或参与方法的了解。

（3）采购代理和施工管理人。当借款人缺乏必要的机构、资源或经验时，雇用一个专门从事采购的公司作为其代理，对借款人而言可能是有效率和有效果的。如果采购代理负责某一特定项目的采购，并主要在采购代理自己的办公室工作，一般按采购签约额的一定百分比，或按这种百分比和一个固定收费额相结合支付代理费。应按照"基于质量和费用的选择"程序选聘这种采购代理，其中费用所占的权重最高为百分之五十。上述规定也适用于施工管理人。

（4）检验服务。借款人可能希望雇用一个商检代理在货物装运前或在运抵借款国时对其进行检验和验证。该类代理的检验通常包括对有关货物质量和数量以及价格合理性的检查。选聘检验代理应使用"基于质量和费用的选择"程序，给予费用的权重最高不超过百分之五十，并且应使用以被检验和被验证货物价值的一定百分比为基础支付代理费的合同格式。

（5）银行。借款人应当按"基于质量和费用的选择"程序选择雇用投资银行、商业银行、财务公司和基金管理者为其进行在私有化业务中通常涉及的资产出售、金融工具的保险，以及其他社团金融交易。

（6）审计师。审计师按规定的任务大纲和专业准则开展审计工作。应按"基于质量和费用的选择"程序对其进行选择并将价格作为重要因素（占 40～50 分），或按世行指南 3.6 段描述的"最低成本选择"程序对其进行选择。对于很小的任务（注 34）可以采用基于咨询人资格的方式 CQS 选择咨询人。

3.6.2　审核采购文件

采购人可委托企业咨询专家委员会专家对采购文件中的技术和商务条件进行审核。审核的内容应包括：

——采购文件规定的资格条件是否能够满足采购主体的合格性；

——采购文件规定的评审条件能否科学评价采购内容的满足性；

——技术和商务条件是否能够满足 3 人以上竞争；

——技术和商务条件是否具有歧视性排他性。

【释义】

本条第一段规定了邀请第三方咨询机构对招标文件审核。由于采购文件的复杂程度不一，标准没有将该程序规定为充分必要程序，是否需要第三方审核由采购人决定。

本条第二段规定了审核的内容。一般应包括的内容在特殊情况下可以不包括，如在直接采购方式中，由于没有竞争，第三项就不适用。

第一项、第二项规定了合同主体和内容的合格性；

第三项体现一般采购的竞争性；

第四项体现了企业采购属性应具备的公平性。

关于聘请第三方专家审核采购文件的制度，商务部曾在其部门规章中做了规定，随机抽取专家对招标文件的合法性、合格性进行审查，主要审查带 * 项目是否可以构成三人以上竞争，是否有歧视性、排他性，以保证采购的公平。但是由于法律没有授权政府对招标文件进行审核，因此，商务部在最新的部门规章中取消了上述规定。企业不是政府机关，鉴于招标采购文件对采购结果的极端重要性，企业可以通过制度规定对重要招标采购文件进行第三方审核，以保证企业采购的社会公正性。

3.6.3　批准采购文件

宜建立内部审批制度，授权相关责任人对采购文件进行审批或核准。

【释义】

鉴于采购文件对采购过程和结果的极端重要性，企业应当规定关于采购文件起草、会签、核准和签发的一般性程序和要求。

表 3 - 2 规定的管理程序和风险控制点可供企业在相关制度中参考。表中第一行是编制招标文件的风险点；第一列体现了编制招标文件风险管理的程序和责任目标。

表 3 - 2　　　　　　　招标文件的管理程序和风险控制点

风险点	确定采购需求	设置资格条件	划分标段	选用文本	商务条件	技术条件	评标办法	合同条款（计价形式）	承办人或部门
起草	准确、全面	准确全面满足经济	科学合理	合法	合理全面	准确无歧义	科学择优	完整性	项目负责人
审核	合法、无歧义	合理、合法、无歧视	合法	合法	无遗漏合理保证金	无遗漏科学	实验检测	一致性	部门经理
会签	合法、公平、无歧义	合法、可竞争、无歧视	合法	合格	公平合法可操作	无歧视可竞争可识别合法	合法合理	风险分配公平、条款合法	技术、财务、经营、合同管理部门
审批	合格	合法、合格	合格	合格	合格	合格	合格	投标有效期合格性审查	采购总监
送交甲方	体现项目意图	合格	合格	合格	合格	合格	合格	合格	依甲方内部程序审查
签发出售	合法合格	—	—	—	—	—	—	合法、合格	法人代表或授权人

3.7　执行采购程序

采购人应依据企业职能部门批复的采购组织形式和采购方式，按照第 4 章的有关规定执行采购程序。

【释义】

采购组织形式和采购方式是采购管理的重要内容。因此，企业应依照本标准的相关规定制订本企业的管理规定，包括管理主体、管理环节、管理权限、管理责任等。

对采购组织形式和采购方式的管理是企业职能部门对采购活动实施监督的一个重要手段。

3.8 确定成交供应商

3.8.1 公示成交供应商候选人

公示成交供应商候选人应满足以下要求：

——采购项目评审或谈判结束后，采购人应依据评审委员会提交的咨询报告和推荐的成交供应商候选人名单，及时在企业指定媒介公示。公示内容、期限由企业制度规定。

——在确定成交供应商前，如果其经营、财务状况发生较大变化或存在违法行为，采购人认为可能影响其履约能力的，采购人或代理机构应提请原评审委员会按照采购文件规定的标准和方式审查确认。

——评审委员会提交的咨询报告和推荐的成交供应商候选人名单应提交上级部门审批。

——确定成交供应商候选人的审批不应超过采购文件约定的采购有效期限。

【释义】

依据实施条例的规定，公示中标候选人的项目范围限于依法必须进行招标的项目。公示中标候选人符合公开原则，有利于进一步加强社会监督，保证评标结果的公正和公平。

本标准参照实施条例，规定了公示成交候选人程序，该程序包括以下内容。

第一项规定了公示的时间和媒体要求，其中公示的起始时间、期限、内容由企业制度依据不同情形规定。

第二项是针对采购人的救济条款。标准没有规定发现供应商履约能力变化的途径，采购人可以在确定供应商之前主动考察，也可以以其他相关人投诉举报为依据；重新组织评审只是对成交供应商履约能力的确认，不是重新全部评审，如果确认中标候选人不合格，采购人可以在其推荐的候选人中依次递补，也可重新采购。但不能要求评标委员会推荐新的中标候选人名单。

上述确认结果属于公示内容。

第三项与第四项是基于采购效率对企业采购管理部门的要求。确定成交供应商可能涉及国家其他有关规定，比如政府有关部门规定"三重一大"①的制度规定。其中，重大事项决策、重要项目安排和大额资金使用都可能涉及采购活动，需要企业集体研究的采购项目，采购人应当注意给企业有关部门审批留有必要的时间。

3.8.2 公告成交供应商

公告成交供应商应满足以下要求：

——公示无异议或异议处理完毕后，采购人编制成交供应商结果公告，并经内部审核；

——内部审核无误后，采购人应在采购文件约定的时间内在媒介发布成交供应商结果公告。

【释义】

招标投标法及其实施条例在有关招标投标活动的程序规定中没有规定招标结果的公告程序，但是《电子招标投标办法》对此做了补充，该办法第三十五条规定："依法必须进行招标的项目中标候选人和中标结果应当在电子招标投标交易平台进行公示和公布。"

一是实施条例规定了对中标候选人的公示制度，《电子招标投标办法》补充了应当公布中标结果。其中，中标候选人属于公示，表示还未确定中标人；中标结果属于公布，表示中标人的确定。二是补充了在交易平台公示或公布相关信息，即程序补充了交易平台的媒体渠道。该条适用对象是依法必须招标的项目，包括国有资金控股或占主导地位的依法必须招标的项目和其他资金性质的依法必须招标的项目。该条是《电子招标投标办法》对招标人在中标阶段补充的义务性规定。

———————————

① "三重一大"指国有企业关于重大事项决策、重要干部任免、重要项目安排、大额资金的使用，必须经集体讨论做出决定的制度。

此外，国家发改委 2017 年 11 月 23 日颁布的《招标公告和公示信息发布管理办法》（国家发改委令 10 号）第二条规定："本办法所称招标公告和公示信息，是指招标项目的资格预审公告、招标公告、中标候选人公示、中标结果公示等信息。"

在招标投标活动中公告是公示行为的一种类型。

政府发布的公告属于行政行为，并具有确定性、拘束性和执行性的特点。

民事主体发布的公告是一种事实行为，属于民事行为范畴，对合同当事人具有拘束力。

由于服务主体的扩大，公示内容包括了招标采购应当公开的全部信息。

本标准在确定采购方式及其程序规定中，在法律框架内最大限度地明确了采购人的权利，包括选择采购方式、组建评审委员会、确定中标人等，与此同时通过公开性加强监督也就显得非常重要。法律规定公告环节针对必须招标的项目，但是在国有企业非必须招标的活动中也应当执行上述规定。不言而喻，涉及国家秘密、企业商业秘密的除外。

企业应当通过制度确定公告的媒介、内容和应当保密的具体规定。

3.8.3 发出成交通知书

发出成交通知书应满足以下要求：

——公示无异议或异议处理完毕后，采购人应及时向成交供应商发出成交通知书。

——需要由采购人上级部门批准签发成交通知书的项目，有关部门应及时审批。其中，在评审委员会提交的咨询报告中确定非排名第一的成交项目，采购人应说明理由。

——成交通知书的内容应简明扼要，应包括告知成交供应商已成交的结果（如价格、数量、单位、交付期限等）、签订合同的时间和地点。

——采购人或代理机构在发出成交通知书的同时，成交结果应及时通知所有未成交供应商。

——成交通知书发出后，采购人改变成交结果及成交供应商拒绝签订合同的，应承担相应民事法律责任。

【释义】

本条参照招标投标法规定的程序规定了企业确定成交供应商后的操作程序，具体如下。

第一项规定了采购人及时发出成交（中标）通知书的条件和义务；

第二项规定了在特殊情形下确定非排名第一的成交供应商需要公开说明理由的要求，在注意发挥采购人积极性的同时，通过程序的公开性加强监督，为采购人保驾护航；

第三项规定了通知书内容的原则要求，由于采购方式、采购项目的复杂性，通知书的具体格式应当由企业自行规定。

第四项规定了在发出成交（中标）通知书的同时告知其他未成交供应商的义务，体现采购的公开、公正原则，采购人的告知义务伴随着供应商的监督权利，如供应商对结果不满意可以在规定时间内提出质疑，以保证其合法权益，通过当事人的监督尽可能体现采购活动的公平。

第五项规定了采购人和成交供应商在规定时间签订合同的义务，这里的民事法律责任指合同双方的责任。采购人改变成交结果，包括采购人无理由拒绝与成交人签订合同重新采购和直接与非成交人签订合同两种情形；成交供应商的违法行为是无理由拒绝签订合同；双方拒绝应当承担的合同义务将导致应当承担民事责任。供应商不签合同将导致投标保证金不予退还，如果有证据表明保证金还不足以弥补采购人损失，采购人可以向成交供应商进一步提出赔偿要求；如果采购人有过错，成交供应商也可以要求采购人进行赔偿，但实践中这种情形不多见。

3.9 采购合同管理

3.9.1 确定合同文本

3.9.1.1 成交通知书发出后，采购人应协助企业合同管理部门根据采购结果需针对合同非实质性内容进一步补充或细化的，编写拟补充、细化的条款。

3.9.1.2　采购人应对合同双方提出的相关补充、细化条款的合法性和合理性进行分析，发现可能损害企业的合法利益、增加了企业的义务、背离了采购文件和成交供应商响应文件的实质性内容的，采购人应及时告知企业合同管理部门并提出预防风险的建议。

【释义】

企业采购的合同有些是一般买卖合同，有些是复杂的工程项目和其他项目合同。对于前者，其合同的全部要件已经成就，采购人发出成交通知书时合同已经成立并生效，一般不需要进一步补充完善；但是对多数工程项目，采购人发出成交通知书只标志合同的成立，但未生效，还需要细化补充完善。

注意合同成立和生效的区别。合同成立和生效在构成要件、法律意义和作用阶段完全不同。在构成要件方面成立和生效最大的不同就是前者对意思表示的真实性不过问，而后者意思表示必须真实且不违反法律规定的公共利益和法定形式要件；在法律意义方面，前者体现自由原则，后者体现守法原则；在作用阶段方面，合同成立表示缔约的结束，合同生效表示合同履行即将开始。划分缔约和履行形态的意义在于法律后果的区分，如合同相对人违反合意约定，前者承担缔约责任，后者将承担违约责任。大多数情况下，合同成立时即具备了生效的要件，依法成立的合同自成立时生效，因而其成立和生效时间是一致的。但有时合同成立并不等于合同生效，不成立也不是无效。而区分合同状态往往会对当事人有着直接的经济利益影响。

本条第二款规定了采购人在合同谈判中的义务，属于企业内部合同管理的范畴。

3.9.2　签订合同

采购人和成交供应商应在双方约定的期限内签订合同，并向企业主管部门备案、报告。其中，招标采购项目应在发出中标通知书 30 日内签订合同。由于成交人拒绝签订合同，未按照采购文件规定的形式、金额、递交时间等要求提交履约保证金或其他原因导致在规定期限内合同无法签订的，采购人应及时采取补救措施。

【释义】

本条规定了采购人签订合同的期限和由于各种原因导致无法签订合同的处理办法。合同签订的期限依据项目特点和属性由采购人和供应商约定；但是采用招标方式的应在发出中标通知书 30 日内签订书面合同。

合同备案、报告等程序规定由企业制度规定。包括依合同类别需要备案或报告的责任部门、流程、时间要求、履约跟踪、合同关闭等制度。

所谓补救办法包括依次递补、重新采购或者依据企业制度规定直接向符合采购需求、能够满足企业需要的供应商直接采购，以满足企业正常生产的需要。

3.9.3 退还采购保证金

3.9.3.1 采购文件要求缴纳采购保证金的，采购人应尽快退还供应商的采购保证金本金和利息。供应商发生违反法律和采购文件约定的事项，采购保证金可不予退还。

3.9.3.2 采购保证金额度及管理办法参照招标投标法规的规定执行。对信用良好的供应商宜采取信用保函的方式提供采购担保。

【释义】

在招标投标活动中，是否缴纳投标保证金依据的是招标文件约定，不是法定要求。投标保证金是在竞争性非常激烈的条件下投标人对招标人在缔约过程中的质押担保。

本条第一款参照招标投标法规，规定了退还采购保证金的要求。采购保证金属于质押担保，其所有权归缴纳保证金的供应商，采购人享有临时占有权，因此在质押期间，保证金产生的孳息归供应商所有。

本条第二款是对保证金额度和其管理办法的规定，同时为了降低企业采购成本，规定了用企业信用担保的方式。所谓企业信用担保，指供应商向采购人出具投标保证金承诺书，以供应商的信用保证，如供应商违反了法律和采购文件规定的不退还保证金的规定，供应商应当自动缴纳。

3.9.4 提交履约保证金

采购文件中要求缴纳履约保证金的，成交供应商应缴纳。

【释义】

履约保证金是供应商履行合同的担保，履约担保可以转移供应商违反合同的风险。

鉴于合同双方是平等的民事主体，国家有关部门制定的标准文件曾规定采购人也应向供应商提供支付担保，但是在目前市场环境下支付担保的制度难以执行。

企业采购是否需要缴纳履约保证金，其金额、方式和不予退还的条件和标准由企业依据项目特点和采购方式要求，并参照有关法律规定在采购文件中约定。

3.9.5　合同验收和支付

3.9.5.1　合同验收

合同履行完成后，企业应依据合同约定的技术、服务、安全标准，对供应商履约情况进行验收，并出具验收报告。验收报告应包括每一项技术、服务、安全标准的履约情况。

【释义】

合同验收是评价采购结果的一个环节。本条规定了验收的依据和程序。其中采购项目验收的主体、组织程序和验收报告的内容由企业制度规定。

3.9.5.2　结算支付

应按照采购合同约定和成交供应商的履约情况，及时向成交供应商支付采购资金。对于其违反采购合同约定的行为，采购人应及时处理，依法追究其违约责任。

【释义】

依据合同约定，支付采购资金是采购人履行合同的基本义务，也是企业管理最严格的制度规定。其具体办法应由企业制度规定。

采购人是履行合同的直接当事人，因此本条规定了采购人的处理方法和责任，包括通知财务部门暂停付款、通知合同部门执行合同约定的补救预案。供应商承担违约责任的主要方式包括：继续履行、采取补救措施、损害赔偿、支付违约金、定金责任等。

3.9.6 资料收集和归档

3.9.6.1 应妥善保存每项采购活动的采购文件，不应伪造、变造、隐匿或者销毁。采购文件的保存期限为从采购结束之日起至少保存五年。

3.9.6.2 宜采用电子文档形式对采购文件存档。

3.9.6.3 采购文件应包括采购活动记录、采购预算、采购文件、响应文件、评估报告、成交通知书、合同文本、验收证明、质疑答复、投诉处理决定及其他有关文件、资料。

3.9.6.4 采购活动记录应包括以下内容：

——采购项目类别、名称；

——采购项目预算、资金性质、构成或来源；

——采购方式适用条件；

——邀请和选择供应商的条件及原因；

——评审标准及确定成交供应商的原因；

——采购失败的原因；

——采购合同。

【释义】

本条参照《中华人民共和国政府采购法》第四十二条的规定。包括企业对采购文件保存的责任和内容要求。其中采购文件的保存规定至少五年。

工程建设项目的采购档案管理执行《建设工程文件归档整理规范》（GB/T 50328—2001）的规定。保管期限分为永久、长期、短期。其中长期指工程档案的保存期限等于该工程的使用寿命；短期指工程档案保存20年以下。

招标采购文件包括勘察设计招投标文件、勘察设计承包合同、施工招投标文件、施工承包合同、工程监理招投标文件、监理委托合同等都属于"长期"保管的档案资料。

国家重大建设项目的新建、改建和扩建、技术改造执行《国家重大建设项目文件归档要求与档案整理规范》（DA/T 28—2002），该规范由国家档案局2002年1月29日发布，2003年4月1日起实施。

4 采购方式

4.1 公开招标和邀请招标

【释义】

本条规定的两种招标采购方式的相同点是，在采购需求明确的条件下，通过竞争性程序确定中标人，但其竞争性随着公开招标、邀请招标的顺序而弱化；招标人采用的招标方式应符合本标准规定的适用条件，在提高采购效率的同时兼顾公平。

在符合适用条件的基础上，企业应优先选用招标采购方式。

4.1.1 公开招标

4.1.1.1 适用条件

公开招标应同时具备以下条件：

——采购需求明确；

——采购标的具有竞争条件；

——采购时间允许；

——采购成本合理。

【释义】

本标准将公开招标方式定义为"采购人自愿以招标公告的形式邀请不特定的潜在投标人投标，完成非依法必须招标项目的一种采购方式。"因此其适用范围是非必须招标的项目。采用公开招标方式应同时具备四个条件。

1. 采购需求明确

所谓招标采购首先应当有"标"，即应有明确的目标。所谓需求明确，包括采购目标的需求明确、标的功能的需求明确、实现功能需求的技术条件明确等不同层次的表述。针对上述不同层次的需求，采购人应会同技术专家准确把目标需求、功能需求落实到技术要求，这个过程一般包括定位、定序、定距、定量四个步骤。见表4-1。

表4-1　　　　　　　　　　　确定采购需求步骤

采购目标需求 —→ 采购功能需求 —→ 采购技术要求			
	定位	定序	定距	定量
示例	满足5分 不满足0分	第一名5分 第二名3分	保温8小时得5分 保温4小时得3分	效率80%得5分 效率75%得3分

采购文件列示的采购技术要求一般应达到定量的要求，个别难以定量表示的可以通过定位、定序、定距表述。只有采购需求明确，供应商才有可能精准要约。否则不适用招标方式采购。如某采购文件采用招标方式采购养老院，标准是让老年人满意，供应商就无法投标。

2. 采购"标的"具有竞争条件

竞争是招标方式的基本属性。因此也只有在买方市场条件下才能采用招标方式。所谓竞争条件指有众多供应商愿意在公平条件下竞争。其竞争的要素归根结底是"标的"在满足采购人质量、工期的基础上价格的竞争，其中价格是和社会平均价格的竞争。

3. 时间允许

为保证公平竞争、科学择优，招标投标活动包括了制订招标方案、编制招标文件、执行招标程序、完成中标合同四项内容。做好每次招标采购工作都需要一定的时间准备，在执行程序环节，依法必须招标的项目依法规要求，从发招标公告开始到签订书面合同，假设无投诉，最短的时间是25天（等标期20天+投标、开标、评标1天+公示3天+定标并签订合同1天=25天）。因此，紧急采购不适用招标方式采购。

4. 交易成本合理

采购活动都有采购成本，采购总成本＝交易成本＋合同成本。鉴于招标采购活动的程序规定和复杂性，如果招标标的金额不高，经过招标后节约的资金超过交易成本，也不适用招标方式采购。

招标投标法第一条规定招标投标活动的宗旨："为了规范招标投标活动，保护国家利益、社会公共利益和招标投标活动当事人的合法权益，提高经济效益，保证项目质量，制定本法。"

4.1.1.2　采购程序

企业公开招标的采购程序应符合表 4 - 2 的规定。

【释义】

本标准规定的公开招标方式、程序，执行招标投标法的一般规定，法规中针对依法必须招标的，本着提高采购效率、落实采购人自主权的原则，在法律框架内做了相应规定。

表 4 - 2　　　　　　　　　　企业公开招标的采购程序

阶段	程序	工作内容
1. 资格预审	a) 发布资格预审公告和编制资格预审文件	采购人应在国家指定媒介或企业指定媒介发布资格预审公告。公告的内容应符合国家有关规定。 采购人应编制资格预审文件；文件内容参照国家有关标准资格预审文件的相关要求。 采购人应发售资格预审文件，重要项目在企业指定媒介公开资格预审文件关键内容。 资格预审文件的发出期应不少于 5 日。 资格预审申请文件提交截止时间，自资格预审文件停止发售之日起应不少于 3 日
	b) 递交资格预审申请文件	潜在资格申请人应按资格预审文件规定的方式领取资格预审文件。 资格申请人应在资格预审文件规定的时间地点向采购人递交投标资格申请文件
	c) 评审资格申请文件	采购人或委托招标代理机构应依照资格预审文件规定的标准对资格预审申请人进行资格审查。 采购人或委托招标代理机构应编写资格审查报告

阶段	程序	工作内容
1. 资格预审	d）审查核实	采购人享有对资格预审申请文件进行核实和要求申请人进行澄清的权利。若采购人在资格审查时或项目进行过程中发现资格申请人有弄虚作假行为，可直接取消其投标资格
	e）资格预审结果处理	采购人应向通过资格预审的潜在投标人发出投标邀请书。 采购人应向未通过资格预审的投标资格申请人发出资格预审结果通知书，告知未通过的依据和原因
2. 招标程序	a）发布招标公告（适用于资格后审）	应按 3.6.1.1 规定执行
	b）编制招标文件	应按 3.6.1.2 规定执行
	c）发售招标文件	招标文件的发售期应不少于 5 日，重要项目在企业指定媒介公开招标文件的关键内容； 投标文件编制的时间从招标文件发出之日起距投标截止时间应不少于 7 日； 潜在投标人持单位委托书和经办人身份证购买招标文件，采用电子采购平台的项目应通过互联网购买； 招标文件的售价为制作招标文件的工本费
	d）招标文件的澄清和修改（如有）	招标人可以对已经发售的招标文件进行澄清或修改，并通知所有获取招标文件的潜在投标人；可能影响投标人编制投标文件的，招标人应合理顺延提交投标文件的截止时间。 潜在投标人对招标文件有异议的，应在投标截止前 2 日内提出，招标人应在收到异议后 1 日内答复；招标人针对潜在投标人的异议修改招标文件后可能影响投标文件编制进度的，投标截止时间应依法适当顺延
	e）踏勘现场和预备会（如有）	需要时，采购人应组织潜在投标人集体踏勘项目现场；如召开投标预备会，采购人应在投标人须知中载明预备会召开的时间、地址

阶段	程序	工作内容
3. 投标程序	递交投标文件	投标人应在招标文件约定的投标截止时间、地点向采购人或代理机构递交投标文件。 投标文件应按照招标文件要求的密封条件密封，采用电子交易方式的项目应加密在网上进行投标。 招标文件要求缴纳投标保证金的，投标人应按照招标文件要求缴纳。 招标人收到投标人递交的投标文件后应出具回执
4. 开标程序	开标会议	采购人或代理机构主持开标会议。开标应在招标文件约定投标截止时间、地点进行。 开标记录应妥善保存。 投标人不足 3 人，招标投标活动中止。投标文件封存或退还投标人；经企业主管部门批准，该采购项目可转入其他采购方式采购。 投标人对开标活动有异议应当场提出，采购人应及时答复
5. 评标程序	a）组建评标委员会	采购人应负责组建评标委员会，评标委员会成员应为 5 人以上单数。 评标委员会组成人员的构成、专家资格等应由企业制度规定。采购人认为项目技术复杂或随机抽取不能满足评审需要时可直接指定部分专家或全部专家，指定的范围不限于企业咨询专家委员会的名单；指定专家的理由应在中标结果公示中或在报告中说明
	b）评标委员会依法评标	评标委员会应依照法律和招标文件规定的评标办法进行评审； 评标委员会应撰写评标报告并向采购人推荐合格的中标候选人，在电子采购平台自动生成评审报告的，评标委员会成员应审核并在线签字或签章； 公告中标候选人应不超过 3 家（进行资格招标的中标候选人按实际数量公告），中标候选人是否排序由招标文件约定

阶段	程序	工作内容
6. 定标程序	a）确定中标人	采购人在评标委员会推荐的候选人中确定中标人。如有排序，采购人认为第一名不能满足采购需要，可以在推荐名单中确定其他候选人。但应在招标投标情况书面报告中说明理由
	b）中标通知	应按 3.8 规定执行
7. 签订合同	—	应按 3.9 规定执行

采用资格后审方式公开招标的，从第二阶段开始应同资格预审的公开招标程序相同。招标失败的，经企业采购管理机构批准或依企业制度规定，采购人可直接采用其他采购方式采购。

【释义】

在招标准备阶段，法律法规对依法必须招标的项目审批、核准以及招标人自主招标实行备案事宜做了规定。

本程序从资格预审阶段开始，划分为 7 个阶段。

1. 资格预审阶段

所谓资格预审，指潜在投标人购买招标文件之前的资格审查，资格预审主要解决潜在投标人过多、评标时间过长、社会成本过高的"三过"问题。

（1）关于资格预审时间的规定。

实施条例第十五条第三款规定："依法必须进行招标的项目的资格预审公告和招标公告，应当在国务院发展改革部门依法指定的媒介发布。"因此，本标准规定采购人应在国家指定媒体或企业指定媒体发布资格预审公告。公告的内容符合国家有关规定。

实施条例第十六条规定："资格预审文件或者招标文件的发售期不得少于5日。"是针对所有招标投标活动的，因此，本标准规定发售期为 5 日。

实施条例第十七条规定："招标人应当合理确定提交资格预审申请文件的时间。依法必须进行招标的项目提交资格预审申请文件的时间，自资格预审文件停止发售之日起不得少于 5 日。"本标准将合理时间规定为 3 日。

（2）关于资格预审主体的规定。

招标投标法第十八条规定："招标人可以根据招标项目本身的要求，在招标公告或者投标邀请书中，要求潜在投标人提供有关资质证明文件和业绩情况，并对潜在投标人进行资格审查；国家对投标人的资格条件有规定的，依照其规定。"

实施条例第十八条规定："国有资金占控股或者主导地位的依法必须进行招标的项目，招标人应当组建资格审查委员会审查资格预审申请文件。"

鉴于本标准规范的项目性质，标准规定资格审查的主体是采购人或其委托的代理机构。并规定了提交审查报告的义务。

（3）关于再次核查供应商资格的权利。

对于申请人资格的再审查，我国的招标投标制度对此没有规定。为降低采购风险，示范法第三章（公开招标）第三节（投标书的评审）第四十三条投标书的审查和评审第五款规定，采购人可以对中标候选人的资格再次进行核实，第六款规定，如果再次核实不符合要求，应取消其中标资格。

鉴于我国目前市场存在大量挂靠等弄虚作假行为，为防范采购风险，参照示范法的规定，本标准规定了采购人可以再次核查投标人资格的程序。

2. 招标阶段

（1）关于招标公告和招标文件的规定。

实施条例第十五条第四款规定："编制依法必须进行招标的项目的资格预审文件和招标文件，应当使用国务院发展改革部门会同有关行政监督部门制定的标准文本。"

本标准 3.6.1.1 和 3.6.1.2 条款依照招标投标法的一般规定，没有强制企业在非必须招标的活动中采用标准文本，特别是关于评审办法的设定，各类项目性质复杂不能一刀切，应依据行业特点由企业制度规定。

（2）关于发布和出售文件时间的规定。

依据实施条例第十六条的规定，招标文件发售时间不得少于 5 日。

依据实施条例第十七条的规定，其中投标截止的合理时间，本标准规定一般应不少于 7 日。但最少不能少于 6 日，这是由于法律关于文件出售的时间不得少于 5 日的一般规定，适用所有招标活动。

（3）关于澄清质疑的规定。

法律规定了招标人澄清招标文件的时间为投标截止前 15 日，是基于截止时间 20 日的前提下，即截止时间的规定是针对依法必须招标的，因此标准没有规定招标人修改澄清文件的时间，可由企业制度规定。

法律规定了投标人对招标文件的异议在投标截止前 10 日提出，招标人 3 日内答复。同样基于截止时间 20 日的前提下，是针对依法必须招标的项目。考虑到本标准规定的投标截止期一般不少于 7 日以及尽可能提高采购效率，本标准规定："潜在投标人对招标文件有异议的，应在投标截止前 2 日内提出，采购人应在收到异议后 1 日内答复，"同时规定了顺延的条件。其中"可能影响"的判断由双方协商，属于民事行为。

（4）关于电子招标。

招标人采用电子采购平台招标采购，应执行国家发改委等部委颁布的《电子招标投标办法》（八部委第 20 号令）。其中针对依法必须招标的专属规定有：

第十七条：依法必须进行公开招标项目的上述相关公告应当在电子招标投标交易平台和国家指定的招标公告媒介同步发布。

第三十五条：依法必须进行招标的项目中标候选人和中标结果应当在电子招标投标交易平台进行公示和公布。

除此之外，非必须招标项目采用电子招标时应当执行《电子招标投标办法》（八部委第 20 号令）的其他一般规定。

3. 投标阶段

该环节基本依照招标法规执行。

4. 开标阶段

除了法律的一般规定，标准补充了投标人不足 3 人的处理办法，除了停止开标、退回或封存投标文件外，可以直接向企业主管部门报告转入其他采购方式，如竞争谈判或直接采购等。

5. 评标阶段

（1）招标投标法第三十七条第一款规定："评标由招标人依法组建的评标委员会负责。"据此，标准规定，"评标委员会组成人员的构成、专家资格等应由企业制度规定。采购人认为项目技术复杂或随机抽取不能满足评审需要时可直接指定部分专家或全部专家，指定的范围不限于企业咨询专家委员会的名单；指定专家的理由应当在中标结果公示中或在招标投标情况书面报告中说明。"即给予采购人更大的自由裁量权，可以全部指定专家组成评审委员会。在扩权的同时规定了采购人在书面报告中说明指定专家的理由。

招标制度规定了依法必须招标的项目一般应当通过随机抽取的办法聘请专家，试图通过程序的公正达到结果公平的目的。但是和建筑工程项目技术的相对通用性不同，工业项目的技术涉及的学科极其广泛，产品知识结构的复杂性和专家专业知识的相对性造成抽取评标专家经常不能胜任评审工作。因此标准做了上述规定。

标准没有规定采购人指定专家是否需要批准或批准程序，应当由企业制度规定。

（2）依法评标。

招标投标法第四十条第一款规定："……评标委员会完成评标后，应当向招标人提出书面评标报告，并推荐合格的中标候选人。"没有规定必须对投标人进行排队，因此，本标准规定："中标候选人是否排序由招标文件约定。"

（3）所有投标被否决的重新招标。

招标投标法第四十二条第二款规定："依法必须进行招标的项目的所有投标被否决的，招标人应当依照本法重新招标。"部门规章规定了该类项目两次招标失败的处理办法。

针对非必须招标的项目，所有投标被否决后的处理办法由本标准在附录A.1.5条b）做了规定。

6. 定标阶段

招标投标法第四十条第二款规定："招标人根据评标委员会提出的书面评标报告和推荐的中标候选人确定中标人。招标人也可以授权评标委员会直接确定中标人。"没有规定必须排队或必须依名次确定中标人。本标准援引招标投标法的规定。如果招标文件约定排序，一般情况下，采购人应当确定排名第一的中标候选人为中标人。但是遇到特殊情形，例如采用综合评估法评标时，排名第一的中标候选人分数最高价格也最高，或从企业供应链合作的战略考虑，采购人也可在评标委员会推荐的名单中确定第二、第三候选人为中标人，为防止采购人权利滥用，标准规定了公示和报告程序，以接受社会和监督部门的监督。

招标投标法第四十七条："依法必须进行招标的项目，招标人应当自确定中标人之日起十五日内，向有关行政监督部门提交招标投标情况的书面报告。"本标准3.9.2有类似规定。

招标法规对依法必须招标的规定①汇总如图4-1所示。

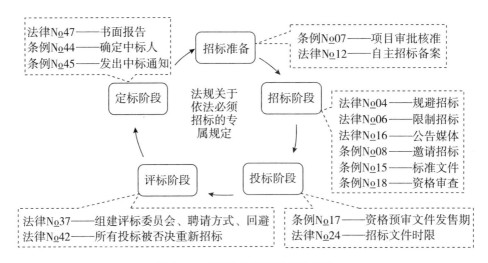

图4-1 依法必须招标的规定汇总

注1：条例No08——邀请招标、条例No18——资格审查、条例No55——确定中标人等三个条款是针对国有资金控股或占主导地位依法必须招标的项目。

注2：招标投标法在责任条款中还有四条针对依法必须招标项目，本图没有标注。条例中针对依法必须招标项目的责任是对法律适用行为的解释补充，本图也没有标注。

7. 签订合同

执行本标准3.9.2规定。

4.1.2 邀请招标

4.1.2.1 适用条件

邀请招标应符合下列条件之一：

——采购标的因其高度复杂性或专门性只能从数目有限的供应商处

---

① 在图中以"No+条款序号"表示。

获得。

——审查和评审大量投标书所需要的时间和费用与采购标的价值不成比例。

——符合招标条件但不宜采用公开招标方式的采购。

【释义】

本标准规定了邀请招标方式的三条适用条件，其中第一条、第二条是法律规定的条件，即邀请招标针对供应商人数有限和项目交易成本过高，在符合公开招标的条件下的一种采购方式。第三条是本标准增加的一种情形，如符合招标条件但由于保密的原因可采取邀请招标的方式。

以下是需要说明的内容。

（1）我国招标制度关于供应商人数有限的原因有两个，即技术特殊要求和自然环境限制。示范法没有自然环境限制的表述，因为自然环境的限制必然造成交易成本过高。本标准参考示范法的表述。

（2）关于交易成本，标准没有做量化规定，但企业可以参考以下文件。

我国工信部 2014 年颁布的《通信工程建设项目招标投标管理办法》（27号令）第六条第三款规定：“采用公开招标方式的费用占项目合同金额的比例超过 1.5%，且采用邀请招标方式的费用明显低于公开招标方式的费用的，方可被认定为有本条第一款第二项所列情形。”

河北雄安新区管委会 2019 年 1 月 11 日颁布的《雄安新区工程建设项目招标投标管理办法（试行)》第十一条第二项规定：“采用公开招标方式的费用占项目合同金额的比例超过 1.5%，且采用邀请招标的费用明显低于公开招标方式费用的”可以邀请招标。

据此，企业可以参照上述规定制定相关制度，包括费用过高的标准要求。

（3）时间紧急的采购不适用邀请招标方式。

4.1.2.2　采购程序

企业邀请招标的采购程序应符合表 4 - 3 的规定。

企业邀请招标失败时，经企业采购管理机构批准或依企业制度规定，采购人可直接采用其他采购方式采购。

表 4 – 3　　　　　　　　　企业邀请招标的采购程序

程序	流程	程序要求
1. 招标程序	编制投标邀请书	应按 3.6.1.1 规定执行
	发出投标邀请书	应按 3.6.1.1 规定执行
	编制招标文件	应按 3.6.1.2 规定执行
	发售招标文件	招标文件的发售期应不少于 5 日，重要项目在企业指定媒介公开招标文件的关键内容； 投标文件编制的时间从招标文件发出之日起距投标截止时间应不少于 7 日； 潜在投标人持单位委托书和经办人身份证购买招标文件，采用电子采购平台的项目应通过互联网购买； 招标文件的售价为制作招标文件的工本费
	招标文件的澄清和修改（如有）	招标人可以对已经发售的招标文件进行澄清或修改，并通知所有获取招标文件的潜在投标人；可能影响投标人编制投标文件的，招标人应合理顺延提交投标文件的截止时间。 潜在投标人对招标文件有异议的，应在投标截止前 2 日内提出，招标人应在收到异议后 1 日内答复；招标人针对潜在投标人的异议修改招标文件后可能影响投标文件编制进度的，投标截止时间应依法适当顺延
	踏勘现场和预备会（如有）	需要时，采购人应组织潜在投标人集体踏勘项目现场； 如召开投标预备会，采购人应在投标人须知中载明预备会召开的时间、地址
2. 投标程序	递交投标文件	投标人应在招标文件约定的投标截止时间、地点向采购人或代理机构递交投标文件。 投标文件应按照招标文件要求的密封条件密封，采用电子交易方式的项目应加密在网上进行投标。 招标文件要求缴纳投标保证金的，投标人应按照招标文件要求缴纳。 招标人收到投标人递交的投标文件后应出具回执

续　表

程序	流程	程序要求
3. 开标程序	开标会议	采购人或代理机构主持开标会议。开标应在招标文件约定投标截止时间、地点进行。 开标记录应妥善保存。 投标人不足3人，招标投标活动中止。投标文件封存或退还投标人；经企业主管部门批准，该采购项目可转入其他采购方式采购。 投标人对开标活动有异议应当场提出，采购人应及时答复
4. 评标程序	a）组建评标委员会	采购人应负责组建评标委员会，评标委员会成员应为5人以上单数。 评标委员会组成人员的构成、专家资格等应由企业制度规定。采购人认为项目技术复杂或随机抽取不能满足评审需要时可直接指定部分专家或全部专家，指定的范围不限于企业咨询专家委员会的名单；指定专家的理由应在中标结果公示中或在报告中说明
	b）评标委员会依法评标	评标委员会应依照法律和招标文件规定的评标办法进行评审； 评标委员会应撰写评标报告并向采购人推荐合格的中标候选人，在电子采购平台自动生成评审报告的，评标委员会成员应审核并在线签字或签章； 公告中标候选人应不超过3家（进行资格招标的中标候选人按实际数量公告），中标候选人是否排序由招标文件约定
5. 定标	a）确定中标人	采购人在评标委员会推荐的候选人中确定中标人。如有排序，采购人认为第一名不能满足采购需要，可以在推荐名单中确定其他候选人。但应在招标投标情况书面报告中说明理由
	b）中标通知	应按3.8规定执行
6. 签订合同	—	应按3.9规定执行

注：企业邀请招标失败时，经企业采购管理机构批准或依企业制度规定，采购人可直接采用其他采购方式采购。

【释义】

招标法规规定邀请投标人的主体是招标人，这和政府采购法规定由评审小组随机抽取邀请供应商不同。邀请招标如果管理不严，极容易使招标走过场，因此，企业应当通过制度规定邀请招标的具体条件并在指定媒介公示，在发挥该采购方式优点的同时把腐败的可能降到最低。

4.2 竞价和询比采购

【释义】

本条规范的采购方式包括竞价采购和询比采购两种方式。

两种采购方式的共同特点是采购标的都具有竞争条件，同时供应商可以多次报价。不同的是竞价采购"标的"是标准化程度较高和采购频次不高的低值货物，询比采购"标的"的标准化程度较低且复杂，采购标的包括货物和服务；竞价采购的竞争是在已知能够满足需求的前提下价格的竞争，询比采购的竞争是需要经过对话比较，在最佳方案的基础上价格的竞争。

竞价和询比采购方式主要是为标的标准化、项目相对简单或低值的采购项目设计的。

4.2.1 竞价采购

4.2.1.1 适用条件

竞价采购应符合以下条件：采购需求明确、规格型号统一、货源充足、价格稳定或价格形成机制明确的采购。其中，允许一次报价的采购应为非单独给采购人私人定制或提供，且已有固定市场的价值不高、频次不多的货物采购；允许多次报价的采购中也包括为企业定制的具有竞争条件的货物或服务采购。

【释义】

本标准规定的竞价采购方式包括了示范法中的询价和竞价两种采购方式；其中采用一次性报价的竞价方式适用于"现成项目"中价值不高的项目，也可称之为询价；采用多次报价的竞价方式采购还可以针对"定制"项目。但两种方式都不适用重复采购和技术条件复杂的项目。

注意：

本标准规定的竞价采购和政府采购法规定的竞价采购在适用条件上有以下不同。

（1）采购标的包括货物和服务。

政府采购法规定的竞价采购方式仅包含了市场货源充足、价格相对稳定、企业采购频次不多的标准化的货物采购；本标准规定的竞价采购还包括了为企业定制的具有竞争条件的货物或服务采购。

（2）竞价采购包括了询价采购。

本标准规定的竞价采购包含了示范法的询价和竞价两种方式。如采购人依据采购文件的约定只能一次报价，也可称为询价，如约定供应商多次报价，即所谓竞价采购。

鉴于电子交易平台的广泛应用，在多次报价中应尽可能在电子采购平台进行并遵守采购文件约定的规则（可参照示范法中的电子逆向拍卖程序）。

4.2.1.2　采购程序

企业竞价采购的程序应符合表4-4的规定。

表4-4　　　　　　　　　企业竞价采购的程序

程序	工作内容
1. 编制并发出竞价邀请函或公告	采购人编制并向3家以上供应商发出竞价邀请函或公告。 竞价邀请函或公告内容应包括： ——每一个参与竞价的供应商是否需把采购"标的"本身费用之外的其他任何要素计入价格之内，包括任何适用的运费、保险费、关税和其他税项； ——参与竞价的供应商数量要求，以及数量不足时的处理办法； ——供应商竞价规则，如报价方式、起始价格、报价梯度、是否设有最高限价、最高限价金额、竞价时长、延时方式等； ——是否需要缴纳竞价保证金、保证金金额等； ——确定成交供应商的标准； ——提交报价的形式，如信函、电子文件等

程序	工作内容
2. 组建评审小组（如需要）	采购人可依据项目的复杂程度和技术要求组建评审小组，是否需要从企业咨询专家委员会聘请专家参加评审小组由采购人决定
3. 报价	从竞价邀请函或公告发出之日起至供应商提交响应文件截止之日止不得少于3日。 允许每个供应商按规定的方式和时间内一次报价或多次报价，并在规定截止时间后报出不可更改的价格
4. 成交结果	中选报价应是满足竞价邀请函或公告中列明的采购人需要的最低报价
5. 成交通知	应按3.8规定执行
6. 授予合同	应按3.9规定执行

采购人在可行的范围内向尽可能多的供应商通过竞价的方式采购相对低价值的采购项目；响应供应商宜不少于3家，在没有超过采购预算的情况下，只收到一份或两份报价，不能视为采购无效；允许多次报价的项目，可参照示范法规定的电子逆向拍卖方式程序在电子采购平台进行。

【释义】

1. 编制并发出竞价邀请函或公告

本标准规定编制竞价文件的主体是采购人（或委托的代理机构）。

鉴于竞价采购方式的特点，本标准对竞价文件的内容做了原则规定。其中，竞价内容第三段："供应商竞价规则，如报价方式、起始价格、报价梯度、是否设有最高限价、最高限价金额、竞价时长、延时方式等"是针对多次竞价的电子逆向拍卖制订的规则。

2. 关于评审小组

采购人可以组建评审小组对供应商报价评议，评审小组是否需要聘请专家以及聘请的办法由采购人决定。在电子交易平台，采购人依竞价程序也可直接确定中选供应商。

3. 关于截止时间

《政府采购非招标采购方式管理办法》（74号令）第四十五条规定："从

询价通知书发出之日起至供应商提交响应文件截止之日止不得少于 3 个工作日。"本标准参照上述规定，该截止时间为 3 日。

4. 竞价采购程序的特别规定

——竞价采购程序可以要求供应商一次报出不可更改的价格，也可以规定在同等条件下依规定方式多次报价竞争。

——鉴于采购货物一般价值不高，本着实事求是的原则，该条第一款还规定了在竞价中响应供应商不足 3 家的处理办法。即采购人应当向至少 3 人发出竞价邀请函或公告。在特殊情形下，当参加竞价的供应商或承包商少于 3 人时，只要没有超过预算价格，不应当判定采购活动无效。

——除非采购人认为缔约合同存在风险，竞价邀请函或公告一般不要求供应商或承包商缴纳保证金。

案例：通用电气公司的采购模式[①]

1. 采购模式：全球化采购。

2. 采购程序：①建立明确的采购需求；②供应商的选择和认可；③网上竞标；④进行采购。

3. 对供应商的选择依据：把各种信息（供应商的能力、发展趋势、合作倾向）进行打分，客观地来评断供应商是否适合作为 GE（通用电气）长期发展的供应商。

4. 基本要求：

——价格

（1）GE 的全球采购保证了价格较低。

（2）和 GE 合作开始之后，GE 要求供应商第二年、第三年，每年都要往下降 5%～10% 的价格，这就要求供应商改革自己的采购程序、改革自己的供应效应、改革自己的成本等，如果供应商连续三年不怎么降低价格，那么 GE

[①]　选自陶骏在"2003 年第二届中国企业采购国际论坛"上的讲话。陶骏：通用电气（中国）有限公司医疗系统部大中华区采购总经理。

就要考虑选择新的供应商。在这一过程当中，GE 公司会派人去与供应商合作，帮助供应商的供应水平提高，以保证 GE 以后最有效的价位。

——质量（要求：质量保持稳定）；

——交货（准时）；

——诚信（禁止对 GE 的人行贿）；

节约采购成本的方法：网上竞标、电子商务。

4.2.2　询比采购

【释义】

询比采购方式的实质是通过规定程序"比价"，即所谓议标采购或竞标采购。和招标采购程序的最大不同是在询比采购中供应商可以不止一次报价。

询比采购程序有以下优点：一是询比的程序有一定的灵活性；二是询比具有一定的竞争性；三是询比的程序简单高效；四是询比方式可以澄清条款，降低标价或优化标书条件。

采购人通过"比价"竞争，可以实现自身利益最大化，而该最大化的成果也不是单方面做出，而是和投标人反复谈判妥协的结果，反映了当事人的意思自治，体现了机会公平，从程序上保障了结果的公平性。

4.2.2.1　适用条件

询比采购符合下列条件之一：

——采购需求明确但不符合招标采购条件的工程、货物和服务项目。包括：

• 企业内部非必须招标的中小型项目；

• 处于紧急情况或紧迫需求的项目；

• 少数保密性较强而不适合公开招标或邀请招标的工程项目；

• 工程所在地区偏僻而很少有施工单位前来投标的工程项目。

——招标失败后的中小型简单项目。

——必须招标可以不招标的中小型简单项目。

【释义】

本条第一项规定的适用条件所称不符合招标条件，指不符合时间允许和采购成本合理两个条件，本条列示的项目分别为时间紧急或交易成本过高的项目。

第二项规定招标失败后的中小型工程项目。包括依法必须招标的工程项目、自愿招标的工程项目或通过招标采购的其他项目，如物资采购等。这种失败包括市场信息不对称、采购文件不合理、采购程序走过场、采购人信用差等原因造成，针对依法必须招标的项目。法律规定招标人应寻找失败的原因，采取措施后再次招标，尽可能排除其他人为因素。如果重新招标失败，法律允许采购人自行采购。为规范采购人行为，建议采购人采用本标准招标之外的其他方式采购。

第三项指实施条例第九条规定的依法必须招标可以不招标的项目。

4.2.2.2 采购程序

企业询比采购的程序应符合表4-5的规定。

表4-5 企业询比采购的程序

程序	工作内容
1. 公告或邀请书	应按3.6.1.1规定执行
2. 编制询比文件	应按3.6.1.2规定执行
3. 发出询比文件	向同意参加询比采购的供应商发出询比采购文件
4. 组建评审小组	采购人负责组建评审小组，小组成员应为3人以上单数。依据项目的复杂程度和技术要求，采购人自行决定是否从企业咨询专家委员会聘请专家参加评审小组
5. 递交响应文件	从询比文件发出之日起至供应商提交首次响应文件截止之日止应不少于3日。 在询比采购文件约定的时间、地点，供应商应向采购人递交询比响应文件。询比响应文件按照询比采购文件的要求密封，使用电子采购平台的项目应加密在网上提交电子响应文件
6. 询比开始	询比采购可以不组织询比开始仪式，但应在企业指定媒介或电子采购平台公示首次报价信息。 在询比文件规定的递交截止时间前有2人以上递交询比响应文件，询比活动即可进入评审程序。 采购人收到询比响应文件后分别邀请相关供应商在约定的时间、地点对询比响应文件进行沟通评议。沟通的顺序由随机抽签决定

续　表

程序	工作内容
7. 询问、比较	评审小组对供应商提供"标的"的质量、性能以及询比文件要求的其他指标分别进行评议。 评议中各种采购因素以及内容细节均可予以沟通协商，但不应改变询比采购文件的实质性内容。 评审沟通的轮次由采购文件约定。 评审过程中应当给参与者更多的表现、表达和磋商的时间和空间，方便采购人获取价格上的利益
8. 成交结果	评审结束后供应商报出最终报价。 评审小组依据询比采购文件规定的标准评审并完成成交建议报告。 依据询比文件规定，该建议报告提交供应商排队名单或不排序只做评价报告。 采购人依据评审小组建议报告确定成交人
9. 成交通知	应按 3.8 规定执行
10. 授予合同	应按 3.9 规定执行

在询比采购方式中供应商可多次报价；供应商应编制并在规定截止时间前递交询比响应文件，之后采购人或其组建的评审小组对所有询比响应文件进行沟通评议，供应商可以依据询比文件的规定修改报价并最终确定报价，经评审的最低报价或综合评估最高分的供应商为成交人。

【释义】

1. 询比采购文件

询比采购可以通过公告也可以通过发邀请书的方式邀请潜在供应商参加询比活动。一般大都采用邀请方式，因此，采购人向同意参加询比的潜在供应商发出询比采购文件。

2. 组建询比小组

标准规定采购人负责组建评审小组，小组成员应为 3 人以上单数。依据项目的复杂程度和技术要求，采购人自行决定是否从企业咨询专家委员会聘请专家参加评审小组。

3. 递交截止时间

参照《政府采购非招标采购方式管理办法》（74 号令）第四十五条规定："从询价通知书发出之日起至供应商提交响应文件截止之日止不得少于 3 个工作日。"本标准规定："从询比文件发出之日起至供应商提交首次响应文件截止之日止应不少于 3 日。"

4. 开始仪式

标准规定询比采购可以不组织开始仪式，因为询比可以多次报价，第一次报价是没有法律约束力的意思表示；其次，和招标程序不同，递交询比响应文件只有 2 人也可以继续进行询比活动，但是如果只有 1 人则应停止询比活动，向有关部门报告重新开展询比活动或采用单源直接采购。

如采购人决定组织开始仪式，可参照本标准公开招标的相关程序规定执行。

5. 关于询比评审报告

询比文件应约定确定成交供应商的办法和标准，询比小组依据询比文件规定，该建议报告应提交供应商排队名单或不排序只做评价报告。

6. 注意

询比采购方式和本标准其他采购方式有以下区别。

（1）鉴于询比采购的议标属性，询比一般通过选择性邀请的方式邀请潜在申请人参与询比活动。

（2）"询比"和"谈判"的主要区别在于前者是采购人主动问话评议，供应商被动回答，成交结果有赖于采购人对供应商既定响应文件的评议比较；而谈判则是双方沟通，其交流的范围、广度和深度比询问更广、更深。所以询比采购一般应用在相对简单的中小型项目，而谈判采购应用的范围较为宽泛。

（3）询比采购和单源采购方式相似，即采购需求明确且价格也可以反复沟通评议，不同的是在询比采购中，符合条件的供应商可能不止一家，且程序相对复杂，而在单源直接采购中，合同相对方只有一家且程序简单。

（4）询比和竞争磋商的不同，表现在前者采购需求相对明确，后者采购需求需要和供应商讨论、对话、谈判确定；其次，询比程序相对简单，磋商程相对严格和复杂，如谈判结束报价后，评审小组还须对仍在程序中的响应文件进行综合评审打分。

4.3 谈判和磋商采购

【释义】

本条规定的三种采购方式的共同特点是采购人和供应商需要讨论、对话和谈判。合作谈判主要针对建立供应链战略合作伙伴关系的采购；竞争谈判主要针对时间紧迫采购或其他特殊采购；竞争磋商主要针对标的需要讨论补充细化和完善的复杂采购。即合作谈判主要是为企业战略采购设计的；竞争谈判是主要为紧急采购设计的；竞争磋商是为企业采购模糊、复杂标的设计的采购方法。

4.3.1 合作谈判

【释义】

把合作谈判作为一种采购方式单独设计，是从企业战略采购的需要出发的。站在供应链管理的高度，在供应－采购的统一系统内考量，合作谈判是一种独特的采购方式。在供应链管理中，供应安全有时甚至比质量要求还重要，如中兴的芯片供应。

有学者建议，合作是谈判的结果，不是采购的特征，不宜将其和竞争谈判、竞争磋商并列。编写组经过反复讨论认为，首先，合作谈判中的"合作"具有特殊意义，这种合作不是一般的技术层面的合作，而是事关企业生存和发展的"战略合作"，其合同需要一定的稳定性。其次，由于企业采购的原材料、模块、分包合作伙伴一般具有特定要求，有些可能需要"私人订制"，所以这种合作需要特定团队较长时间面对面反复沟通，其合同具有较复杂的专业性。最后，这种采购方式没有法定程序，对采购人的综合素质有较高的要求，在管理学科中《谈判学》属于一门专业学科。

因此"合作谈判"的合作不是仅指谈判结果，它包含了这种采购方式的独有的特点和内涵，符合将其设计为一种采购方式的条件。因此标准将其列为一种采购方式。

合作谈判的项目目标明确，谈判文件是双方谈判的基础，在谈判中包括合同条件都可以修改。合同价格也是双方不断"讨价还价"（Bargaining）的结果。如涉及瓶颈项目或与唯一供应商的谈判，采购人的地位处于劣势，该类项目主要是防范采购风险。如涉及企业重要原材料的战略采购，某一个供应商获取的合同份额不宜超过全部供货量的三分之一或二分之一。同时应当制定应急预案，积极寻找替代伙伴。

4.3.1.1 适用条件

合作谈判应符合下列条件之一：

——需要长期稳定供应，采用招标或其他采购方式不可能满足需求的采购。

示例1：企业战略物资、重要原材料等。

——需要和特定供应商当面沟通、交流、协商长期合作的采购。

示例2：瓶颈物资、满足供应链需要的物资、特定重要零部件、项目配套、模块及总成的设计或生产分包。

【释义】

合作谈判采购的项目一般属于企业战略采购或对企业具有重大利益和影响的项目，且不具备公开或邀请招标的条件，其合同相对人或相对人范围一般已经基本确定，谈判的重点是对合同范围、技术质量条件、供货方式和时间、价款及付款条件和其他风险条款的确定。

合作谈判是企业战略采购的主要方式。其适用条件有两个方面。

一是企业需要长期稳定供应，采用招标方式和其他方式不可能满足需求的采购，如战略物资和大批原材料采购，主要体现战略重要性。战略采购的基本属性是"长期合作"。

首先，招标采购的基本属性是"竞争博弈"，所谓招标方式和其他采购方式不能满足需求，是指采用招标等方式采购的结果有很大的不确定性，和企业原材料采购需要相对稳定性的需求相悖。企业质量的稳定在某种意义上取决于原材料质量的稳定，且可能和生产工艺紧密相关，如我国润滑油的生产。不同企业同一型号的原材料也可能影响企业工艺的调整，即这类供应还可能缺乏竞争性。其次，合作谈判和单源直接采购也不同，单源直接采购是在市场现有商品供应中由于各种原因的垄断供应所致，合作谈判则有可能要求供应商依据企业生产的需要"私人订制"，合作的范围不仅包括价格机制等商务方面、质量标准等技术方面，甚至包括企业管理的衔接。单源直接采购难以满足该类需求。

二是需要和特定供应商当面沟通、交流、协商长期合作的采购。主要体现协作专业性。

如瓶颈物资、或满足供应链需要的物资、特定重要零部件、模块或总成的设计或生产分包。这类物质、服务的采购除了相对于企业的重要性外还有专业性，需要面对面沟通，通过谈判建立必要的合作关系，包括松散、半松散和长期合作联合体，这种合同谈判不是体现竞争而是实现双赢，最终实现企业之间同向价值的战略联盟。

合作谈判在供应链管理方法 QR/ECR 中得到广泛应用。

所谓 QR（Quick Response 快速反应）指在供应链中，为了实现共同的目标，零售商和制造商建立战略伙伴关系，利用 EDI[①] 等信息技术，进行销售时点的信息交换以及订货补充等经营信息的交换。用多频度小数量配送方式连续补充商品，以实现缩短交货周期，减少库存，提高客户服务水平和企业竞争力的供应链管理方法。其特征是合作替代竞争。共同目标：提高客户服务水平；降低供应链的总成本和总库存。

所谓 ECR（Efficient Consumer Response 有效客户反应）是一种观念，不是一种新技术。它重新检讨上、中、下游企业间生产、物流、销售的流程，其主要目的在于消除整个供应链（Supply Chain）运作流程中没有为消费者增值的成本，将供给推动的"推式（push）系统"，转变成更有效率的需求拉动的"拉式（pull）系统"，并将这些效率化的成果回馈给消费者，期望能以更快、更好、更经济的方式把商品送到消费者的手中，满足消费者的需求。因此 ECR 的实施重点包括需求面的品类管理改善、供给面的物流配送方式改进等。

---

① 电子数据交换（EDI, Electronic Data Interchange）通过电子方式，采用标准化的格式，利用计算机网络进行结构化数据的传输和交换。

4.3.1.2 采购程序

企业合作谈判的采购程序应符合表 4-6 的规定。

表 4-6   企业合作谈判的程序

阶段	程序	工作内容
1. 组建团队	a）组建谈判团队	依据谈判项目的特点组建谈判团队，团队的结构包括本企业项目相关部门的主要负责人和技术专家，必要时可聘请企业外部专家参加谈判；在国际谈判中还要注意语言人才的配备
2. 谈判计划	a）确定谈判目标	确定本次谈判目标：短期或长期； 寻找谈判问题和焦点：归纳阻碍实现目标的问题； 熟悉谈判对手，包括决策者、对方、第三方； 风险预判：包括交易失败的应对预案，最糟糕的情形预判
	b）确定谈判预案	确定创造价值（Creating Value）预案在谈判中采取开放的态度，共享有关信念和爱好等方面的信息。了解双方各自利益所在。在现有方案的基础上寻求更佳方案，创造出新的价值； 确定无法按照本企业计划达成协议时的其他最优方案； 明确本次谈判不包含的内容
	c）确定决策规则	确定本企业内部决策的程序，如投票制、协商制等
3. 谈判准备	a）诊断情景分析形势	分析双方需求或利益，包括理性的、情感的、共同的、相互冲突的、价格诉求等需求； 了解谈判各方的想法、通过角色转换、针对文化和矛盾冲突、研究取得对方信任的钥匙； 注意对方的沟通风格、习惯和关系； 确定谈判准则：了解对方谈判的准则和规范； 再次检查谈判目标：就双方而言为什么同意？为什么拒绝？
	b）选择方案降低风险	集思广益：研究可以实现目标、满足需求的方案，交易条件及其关联条件； 循序渐进策略：确定在循序渐进谈判中降低风险的具体步骤； 注意第三方：分析共同的竞争对手且对有影响的人制订风险防范预案； 表达方式：为对方勾画蓝图、提出问题； 备选方案：如有必要对谈判适当调整或施加影响

续　表

阶段	程序	工作内容
4. 谈判管理	a）过程管理	依照预案，团队谈判主发言人陈述己方意见，辅助发言人补充预案； 依照谈判议程、注意谈判截止时间以及需要改善谈判环境的安排； 分析破坏谈判的因素、谈判中的欺诈因素；调整最佳方案或优先方案； 在谈判过程中不断评价各项发生的事情，提醒己方适时调整目标和策略； 针对对方的承诺，企业作出有余地的答复
	b）评价结果	依据确定本次谈判的目标，在谈判取得阶段性成果时评价实现目标的程度； 决定是否继续谈判，下一步谁会采取行动，行动会是什么。 是否进一步结成联盟或中止联系
5. 签订合同	a）结束谈判	双方经过多轮谈判最终实现双赢达成合意，签订正式合同
	b）签订合同	应按 3.9 规定执行

【释义】

谈判是一门技巧，也是一门艺术。合作谈判的本质是通过创造价值实现双赢。合作谈判属于管理学范畴，从 20 世纪 60 年代开始，谈判学作为独立学科出现。在本标准列示的各种采购方式中，合作谈判是唯一没有固定法律程序的采购方式。

案例：分橘子的故事[①]

商务谈判中，谈判的双方毕竟不是敌对的关系，但是也并不是不存在利益的冲突和矛盾。在没有任何技巧与原则的谈判中，谈判者往往会陷入难以自拔的境地，要么谈判陷入僵局，要么双方在达成协议后总觉得双方的目标

---

① 南国摆哥. 从分橘子的故事说起——谈判的方法 [EB/OL]. 新浪博客，[2012 - 11 - 05].

都没有达到，或者谈判一方总有似乎失掉了一场对局的感觉。这时，我们认为有两种重要原因导致上述结果：

一种原因是谈判双方至少是有一方在谈判中没有很高的诚意。这个原因我们暂且不在这里讨论，我们假定谈判双方存在长期合作的诚意。另一种原因是，这两方的谈判者没有能够在有限的谈判时间内充分掌握谈判的原则与技巧，使双方的利益得到最大化，同时，双方也没有意识到谈判的成功，要求谈判者除了熟练掌握商务谈判的专业内容之外，还要遵循一定的科学方法与步骤来控制谈判的进程。

在谈判双方彼此存在长期合作诚意的前提条件下，我们谈判的步骤应该为申明价值、创造价值和克服障碍三个进程。我们的目的就是给每一位商务谈判者提供一个有效掌握谈判进程的框架。下面这个小故事，能让我们从中了解如何应用以上三个进程。

有一个妈妈把一个橘子给了邻居的两个孩子。这两个孩子便讨论起来如何分这个橘子。两个人吵来吵去，最终达成了一致意见，由一个孩子负责切橘子，而另一个孩子先取切好的橘子。结果，这两个孩子按照商定的办法各自取得了一半橘子，高高兴兴地拿回家去了。第一个孩子把半个橘子拿到家，把皮剥掉扔进了垃圾桶，把果肉放到果汁机中打果汁喝。另一个孩子回到家把果肉挖掉扔进了垃圾桶，把橘子皮留下来磨碎了，混在面粉里烤蛋糕吃。从上面的情形，我们可以看出，虽然两个孩子各自拿到了看似公平的一半，然而，他们各自得到的东西却未物尽其用。这说明，他们在事先并未做好沟通，也就是两个孩子并没有申明各自利益所在。没有事先申明价值导致了双方盲目追求形式上和立场上的公平，结果，双方各自的利益并未在谈判中达到最大化。

（1）申明价值。

此阶段为谈判的初级阶段，谈判双方彼此应充分沟通各自的利益需要，申明能够满足对方需要的方法与优势所在。此阶段的关键步骤是弄清对方的真正需求，因此其主要的技巧就是多向对方提出问题，探询对方的实际需要；与此同时也要根据情况申明我方的利益所在。因为你越了解对方的真实需求，越能够知道如何才能满足对方的要求；同时对方知道了你的利益所在，才能满足你的要求。然而，我们也看到有许多所谓"商务谈判技巧"诱导谈判者在谈判过程中迷惑对方，让对方不知道你的底细，不知道你的真正需要和利益所在，甚至想方设法误导对方，生怕对方知道了你的底细，会向你漫天要价。我们认为，这并不是谈判的一般原则，如果你总是误导对方，那么可能最终吃亏的是你自己。试想，两个孩子充分交流各自所需，或许会有多个方案和情况出现。可能的一种情况，就是遵循上述情形，两个孩子想办法将皮和果肉分开，一个拿到果肉去喝汁，另一个拿皮去做烤蛋糕。然而，也可能经过沟通后是另外的情况：恰恰有一个孩子既想要皮做蛋糕，又想喝橘子汁。这时，如何能创造价值就非常重要了。

（2）创造价值。

此阶段为谈判的中级阶段，双方彼此沟通，往往申明了各自的利益所在，了解对方的实际需要。但是，以此达成的协议并不一定对双方都是利益最大化。也就是，利益在此往往并不能有效地达到平衡。即使达到了平衡，此协议也可能并不是最佳方案。因此，谈判中双方需要想方设法去寻求更佳的方案，为谈判各方找到最大的利益，这一步骤就是创造价值。创造价值的阶段，往往是商务谈判最容易忽略的阶段。一般的商务谈判很少有谈判者能从全局的角度出发去充分创造、比较与衡量最佳的解决方案。因此，也就使得谈判者往往总觉得谈判结果不尽如人意，没有能够达到"赢"的感觉，或者总有一点遗憾。由此看来，采取什么样的方法使谈判双方达到利益最大化，寻求最佳方案就显得非常重要。结果，想要整个橘子的孩子提议可以将其他的问题拿出来一块谈。他说："如果把这个橘子全给我，你上次欠我的棒棒糖就不用还了。"其实，他的牙齿被蛀得一塌糊涂，父母上星期就不让他吃糖了。另一个孩子想了一想，很快就答应了。他刚刚从父母那儿要了五块钱，准备买糖还债。这次他可以用这五块钱去打游戏，才不在乎这酸溜溜的橘子汁呢。

（3）克服障碍。

此阶段往往是谈判的攻坚阶段。谈判的障碍一般来自两个方面：一个是谈判双方彼此利益存在冲突；另一个是谈判者自身在决策程序上存在障碍。前一种障碍是需要双方按照公平合理的客观原则来协调利益；后者就需要谈判无障碍的一方主动去帮助另一方顺利决策。两个孩子的谈判思考过程实际上就是不断沟通，创造价值并解决障碍的过程。双方都在寻求对自己最大利益的方案的同时，也满足对方的最大利益的需要。这才是商务谈判的最佳步骤和方法，也只有这样才能获得最终的成功。

谈判的一般程序。

本标准参照美国沃顿商学院斯图尔特·戴蒙德（Stuart Diamond）教授的四象限谈判模式和哈佛商学院瓦金斯（Warkins）四阶段谈判技巧等文献，结合企业谈判实际制定了组建团队、谈判计划、谈判准备、谈判管理以及签订合同的谈判流程。

（1）组建团队。斯图尔特·戴蒙德（Stuart Diamond）教授曾揭秘谈判的最终技巧："把人搞定，接着才能谈事情。"这个论述同样适用企业合作谈判，适用谈判双方的队伍建设。

和招标采购或其他采购方式不同，组建谈判小组一般都不能通过随机抽取的方式聘请专家参加谈判小组。企业组建谈判小组必须遴选，谈判小组的成员应分工明确、专业互补。成员资格选拔的基本标准是经验和能力。国际商务谈判应配备专业翻译。

（2）谈判计划主要包括目标、预案和规则的确定。其中谈判目标是最重要的计划指标，谈判预案是实现目标的底线，应当绝对保密。谈判就是妥协的过程，谈判准备方案示意如图4-2所示，因此必须拟定谈判的最优备选方案，其缩略语为BATNA。谈判计划还应当确定主谈、第一副谈、第二副谈等制度规定。

图 4-2 谈判准备方案示意

（3）谈判准备是在进入谈判桌前应当准备熟悉的事项，特别是注意收集谈判对象主要人物的最详尽的资料，记住斯图尔特·戴蒙德"把人搞定，接着才能谈事情"的箴言，依照准备问题的顺序做好应对预案。

（4）谈判管理包括过程管理和评价结果两个方面。谈判过程千变万化，企业谈判团队应根据计划预案，围绕谈判目标，本着循序渐进的策略，积极推进谈判进程，在谈判过程中及时评估，在规定时间内完成谈判工作。或依据双方约定达到本轮谈判目标再休会。

（5）经过一轮或多轮的艰苦谈判形成的最终确定合同文本，需要有关部门审批的送有关部门批准。

4.3.2　竞争谈判

【释义】

竞争谈判和合作谈判的相同点是采购双方都需要面对面沟通协商交换意见。

竞争谈判和合作谈判的区别在于：

一是采购的任务目标不同，竞争谈判主要解决在采购需求明确，具有一定竞争条件下的时间紧迫的问题；合作谈判主要实现企业战略采购目标。

二是采购程序不同，竞争谈判由于政府采购制度的规定有严格的程序流程，合作谈判没有严格的程序规则。

由于招标投标制度只有公开招标和邀请招标两种采购方式，当企业采购不适用招标方式时，一般参照政府采购制度中的竞争性谈判完成采购项目。实践中又往往演变为一种议标方式。政府采购制度规定的竞争性谈判主要解决"人不够、时间紧和标的模糊①"的问题。鉴于采购资金的公共属性，对采购人有较大的限制。如谈判对象的选择、谈判文件的编制都是法定谈判小组确定而不是采购人，成交人是最终报价最低的供应商而不是最佳报盘。这些制度显然不能适应企业的采购需要。本标准采用"竞争谈判"的术语以区别政府采购的"竞争性谈判"，扩大了采购人的上述权利。

---

① 标的模糊是指标的规格型号不明确、价格难以估算。在政府采购制度设计中需要通过谈判予以确定。

4.3.2.1　适用条件

竞争谈判应符合以下条件之一：

——采购标的存在紧迫需要，采用招标或其他采购程序难以满足企业生产运营需要，且该紧急需求非采购人拖延或可以预见所致；

——发生灾难性事件或有利商机采用招标或其他采购程序难以满足采购人的需要；

——采购人认定，采用其他采购方式均不适合保护国家基本安全或企业核心利益。

【释义】

本标准规定的竞争谈判的适用条件和程序援引示范法的有关规定。

本标准规定的竞争谈判适用条件同政府采购法规定的竞争性谈判不同，不包括采购标的规模型号难以确定、价格难以评估的项目或由于投标人不足3人招标失败的项目。即本标准规范的竞争采购主要适用于各种原因造成的紧急采购和其他特定采购。

本条第三款是由采购人认定的竞争谈判的兜底条件。认定程序由企业制度规定。

4.3.2.2　采购程序

企业竞争谈判的采购程序应符合表4-7的规定。

表4-7　　　　　　　　　　　企业竞争谈判的采购程序

程序	工作内容
1. 发出谈判邀请书	应按3.6.1.1规定执行
2. 编制谈判文件	应按3.6.1.2规定执行
3. 发放谈判文件	从谈判文件发出之日起至供应商提交首次响应文件截止之日止不应少于3日
4. 递交初步响应文件	在谈判文件约定的时间地点，供应商递交密封的谈判初始响应文件。 递交申请文件的供应商2人以上即可启动谈判程序，如只有1家，应向采购人管理部门报告经批准转入单源直接采购程序

续 表

程序	工作内容
5. 组建谈判小组	采购人负责组建谈判小组，小组成员应为 3 人以上单数。采购人认为需要，可邀请企业咨询专家委员会专家组成谈判小组参加谈判。专家聘请方式由采购人决定，报采购人管理部门备案
6. 谈判开始	竞争谈判不举行谈判开始仪式；递交申请时间截止后依照采购文件规定的时间、地点直接进入谈判程序。 谈判顺序宜通过随机抽取确定。 谈判小组分别同每个供应商单独谈判
7. 进行谈判	谈判过程中，谈判小组可以根据谈判文件和谈判情况实质性变动采购需求中的技术、服务要求以及合同草案条款，但不得变动谈判文件中的其他内容。实质性变动的内容，应经采购人代表确认。 在谈判程序中供应商不足 3 家不影响谈判的进行。 谈判过程的内容应当保密
8. 最终报价	在采购文件规定的谈判轮次结束谈判后，采购人应请仍在程序中的供应商在某一规定日期之前就其响应书的所有方面提交最佳报盘或最终报价。 谈判小组对各谈判对象综合评价，并对谈判过程撰写谈判报告。报告应对各最终报价作出评价，或依谈判文件规定打分排队。 采购人不得就供应商提出的最佳报盘和最终报价与其进行谈判
9. 确定成交人	提供最符合采购人需要报盘的供应商为成交人
10. 成交通知	应按 3.8 规定执行
11. 签订合同	应按 3.9 规定执行

采购人应制定与进行谈判有关的基本规则和程序，谈判时应以编制的谈判文件作为谈判基础。

【释义】

1. 确定谈判对象并编制谈判文件

依据本标准 3.6.1.1 规定，采购人确定谈判对象发出谈判邀请书；依据本标准 3.6.1.2 规定，采购人负责编制谈判文件。

2. 关于时间期限的规定

（1）截止时间。

《政府采购非招标采购方式管理办法》（财政部令第74号）第二十九条规定："从谈判文件发出之日起至供应商提交首次响应文件截止之日止不得少于3个工作日。"本标准参照上述规定，将该截止时间规定为3日。

（2）澄清修改文件的时间。

本标准没有对谈判文件澄清、异议的时间规定，因为谈判过程中允许对谈判文件进行讨论和谈判，程序中类似规定无意义。

（3）关于谈判小组提交报告和公示时间。

本标准没有规定提交报告和公示时间，应由企业制定。

3. 关于谈判小组

本标准规定，谈判小组由采购人组建，是否聘请咨询专家、聘请的方法由采购人决定。

4. 关于谈判供应商人数的规定

本标准规定，递交申请文件的供应商2人以上即可启动谈判程序，如只有1家，应向采购人管理部门报告，经批准转入单源直接采购程序。

5. 关于最终报价

示范法第五十一条竞争性谈判第五款规定，"采购实体不得就供应商提出的最佳报盘和最终报价与其进行谈判。"本标准做了类似规定。

这是由于最佳和最终报盘是谈判阶段的终结，冻结了由供应商提出的所有规格和合同条款，这样就避免采购人利用某供应商提出的报盘对另一供应商施压，特别是在价格方面，否则的话，如果预期会有此种压力，供应商就会提高报盘价格，从而给市场完整性带来风险。

6. 关于确定成交人

示范法第五十一条竞争性谈判第六款规定："中选报盘应当是最符合采购实体需要的报盘。"本标准依照该条做了相同规定。所谓最佳报盘是在满足采购人全部采购需求的综合方案而不单纯是最低价。

7. 注意事项

本标准规定的竞争谈判和政府采购竞争性谈判方式在程序上有以下不同。

（1）谈判对象由采购人确定而不是由谈判小组随机确定；

（2）为提高效率缩短了有关程序的时间期限；

（3）谈判小组的成员是否聘请谈判专家、聘请方式由采购人确定；

（4）在谈判过程中供应商或承包商不足3人不影响谈判的进行；

（5）成交结果是最符合采购人需要的报盘而不一定是最低价成交；

（6）除非采购人认为缔约合同存在风险，谈判文件一般不要求供应商或承包商缴纳保证金。

4.3.3 竞争磋商

【释义】

竞争磋商用于进行较为专业或较为复杂的采购。本标准规定的竞争磋商方式是示范法中两阶段招标、通过对话征求意见书和通过顺序谈判征求意见书三种采购方式的综合。

竞争磋商的采购目标明确，也有一定竞争性。但是采购文件（包括合同）可以通过讨论、对话和谈判全面修改。因此报价也是双方博弈的结果。

其中，讨论指合同双方对价格等财务内容之外的技术、性能、质量等方面进行沟通并可以全面修改；对话指合同双方围绕既定采购需求提出实现其目标的技术和商务建议；谈判指合同双方对确定技术商务方案的价格谈判。

4.3.3.1 适用条件

竞争磋商应符合下列条件之一：

——采购需求只能提出功能性指标或相对宽泛的技术规格，需要和供应商讨论的项目采购；

——采购目标总体明确但可以有不同路径和方案实现，采购人需要和供应商通过对话确定最优采购路径方案并选择最符合采购人需要的项目采购；

——大型复杂项目确定采购方案后需要对财务指标谈判的项目采购；

——必须招标可以不招标或招标失败合同金额较大的大型复杂项目采购。

【释义】

该采购方式主要针对技术复杂、标的相对模糊、采购金额较大的项目采购，需要和采购人讨论交流、补充细化完善采购需求条件、评价方式，确定最终合同文本后，依磋商文件规定的标准完成综合评审，采购人通过财务谈判最终确定符合采购要求的成交人。

本条规定了竞争磋商的四种适用情形。

第一种是采购需求只能提出功能性要求或相对宽泛的技术规格、需要和供应商讨论的项目采购。如高技术项目采购中复杂通信设备、技术设备和基础设施、大型复杂设施或专业工程等项目，在上述情形中，需要和供应商讨论确定供应商工作的范围、技术方案的设计，缩小可选方案范围使采购标的更加明确，并提出满足采购人需求的最佳方案，在此基础上最终确定采购合同条款和办法。

示范法对该类采购采用两阶段招标办法。采购标的一般是社会通用产品。

第二种是采购目标总体明确但可以有不同路径和方案实现，采购人需要和供应商通过对话确定最优采购路径方案并选择最符合采购人需求的项目采购。如在能源采购中会有不同技术解决方案，材料多种多样，还可能包括使用一种能源代替另一种能源（风能、太阳能、石化燃料之间选择）。即这一采购方式以针对特定目标寻求对技术问题的创新方案为目的。

鉴于项目的复杂性，采购人和任何供应商的互动可以在对话过程中获得明显的经济上的好处，比如在复杂的工程建设项目中，复杂性不一定是技术层面，工程地点和类型的不同，都可能产生变数。通过对话可以评估供应商的个人技能和专门知识，采购人可以找出并获得其采购最需要的解决方案。

示范法对该类采购采用通过对话征求建议书的方式，采购标的一般属于私人订制。

第三种是大型复杂项目确定采购方案后需要对财务指标谈判的项目采购。该类采购和第二种情形基本相同，所不同的是在确定方案后对商务或财务进行谈判是必不可少的，在最终确定的方案中有很多变量，采购开始无法全面预测和具体规定，必须在谈判过程中加以细化，力求在可能的情形下取得最大的竞争优势，例如咨询采购。

示范法对该类采购任务采用"通过顺序谈判征求建议书"方式，采购标的一般也属于私人订制且多用在咨询服务项目。

第四种是针对招标失败或可以不招标的大型复杂项目、大额资金项目，为慎重起见需要和供应商反复沟通，通过讨论、对话、谈判等完成采购项目。

4.3.3.2 采购程序

企业竞争磋商的采购程序应符合表4-8的规定。

表4-8　　　　　　　　　　企业竞争磋商的采购程序

程序	工作内容
1. 发布磋商公告或发出邀请书	应按3.6.1.1规定执行
2. 编制磋商文件	应按3.6.1.2规定执行
3. 发售磋商文件	在磋商文件规定递交响应文件截止时间前发售磋商文件，发售时间不得少于5日。 磋商文件的售价为磋商文件制作成本。 从磋商文件发出之日起至供应商提交首次磋商响应文件截止之日止不得少于10日
4. 递交初步响应文件	在磋商文件约定的时间、地点，供应商递交密封的磋商初始响应文件，采用电子交易办法递交的应加密在网上递交。 递交申请文件的供应商2人以上即可启动磋商程序
5. 组建磋商小组	采购人应组建磋商小组参与谈判活动。磋商小组应由熟悉采购标的商务和技术并具备专业谈判能力的5人以上单数的专家组成。专家聘请方式由采购人决定，报企业采购管理部门备案
6. 磋商开始	竞争磋商不举行磋商开始仪式，但应在企业指定媒介或电子采购平台公示各供应商首次报价的信息。递交申请时间截止后依照磋商采购文件规定的时间、地点直接进入磋商程序。 磋商顺序应通过随机抽取确定。 磋商小组分别同每个供应商单独磋商

续　表

程序	工作内容
7. 进行磋商	磋商过程中，供应商可以修改采购需求中的技术、服务要求以及合同草案条款，但应经采购人代表确认；或提出实现采购目标的不同路径，供采购人选择；也可对确定方案进行价格初步谈判。 特殊情形时，只要没有超过预算，磋商过程中的供应商不足 3 人不影响磋商活动的进行。 磋商小组依据磋商采购文件规定的标准对该申请文件的技术和商务条件进行综合评估。经采购人同意确定最终采购方案。 供应商针对确定方案报价并提交采购人。采购人应对提交的最新价格进行保密
8. 方案评审	在确定采购方案和合同文件后，磋商小组对所有还在程序内的申请文件评审。 评审可以采用排队的方式、打分的方式，也可采用简短评语的方式向采购人提交评审报告，排序标准由磋商文件约定
9. 财务谈判	采购人依据磋商小组提交的咨询报告和顺序名单依次和仍在程序中的供应商针对确定的采购方案和合同条款进行财务谈判。 财务谈判不应涉及项目合同中的核心条款，不应与排序在前但已终止谈判的供应商进行重复谈判
10. 确定成交人	最先和采购人达成合同协议的供应商为成交人
11. 成交通知	应按 3.8 规定执行
12. 授予合同	应按 3.9 规定执行

【释义】

1. 公告和邀请

采购人发布公告或发出磋商邀请书直接邀请潜在供应商。

2. 编制磋商文件的主体

采购人编制磋商文件提出功能性指标或初步技术条件。鉴于项目的特殊和复杂性，本标准没有对磋商文件中的评审办法进行规定，应当分不同行业由企业制定。

3. 关于截止时间

财政部《政府采购竞争性磋商采购方式管理暂行办法》（财库〔2014〕214号）第十条："从磋商文件发出之日起至供应商提交首次响应文件截止之日止不得少于10日。

磋商文件售价应当按照弥补磋商文件制作成本费用的原则确定，不得以营利为目的，不得以项目预算金额作为确定磋商文件售价依据。磋商文件的发售期限自开始之日起不得少于5个工作日。"

本标准参照该条款对截止时间做了规定，但出售磋商文件为不得少于5个自然日。

4. 递交初步响应文件

和财政部《政府采购竞争性磋商采购方式管理暂行办法》（财库〔2014〕214号）的规定不同，本标准规定只要有2家供应商即可开展磋商活动。

5. 磋商小组

由于该采购方式适用于复杂项目，因此该类项目采购应当邀请咨询专家参加评审小组。但是聘请方式由采购人自主确定，在该类项目中随机抽取的专家一般不能保证项目需要，建议通过遴选或直接指定行业权威专家组建评审小组。

6. 磋商活动

磋商活动可视为采购活动的第一阶段，包括针对各种情形的讨论、对话和谈判。谈判中可以依据磋商文件规定的范围对磋商文件补充修改完善并最终确定采购标的。

最终确定采购方案须经采购人同意。

供应商依据最终方案重新报价。评审小组依据法律和磋商文件的规定对供应商进行综合评审排队并提交报告。

第一阶段结束时，同意最终方案的供应商不足3人不影响磋商活动的进行。

7. 财务评价

磋商第二阶段，采购人依据评审报告确定顺序和仍在程序中的供应商进行价格谈判。财务谈判不应涉及项目合同中的核心条款，不应与排序在前但已终止谈判的供应商进行重复谈判。最先和采购人达成协议的为成交人。

本标准做这样规定的目的是应将重点放在采购标的质量、性能和特性特点的竞争上。这一规定可约束采购人和供应商本着诚信原则进行谈判。排名第一的供应商面临的风险是采购人因为价格过高致使谈判终止，因而在财务谈判中尽可能做出有利采购人的报价；采购人面临的风险是过于追求最低价可能否决最佳技术方案，因而不会过度追求价格而牺牲采购标的的技术、质量、性能方面的要求。

8. 注意

本标准规定的竞争磋商和政府采购法规"竞争性磋商"在程序上有以下不同。

（1）邀请谈判的方式。

如采用邀请方式谈判，邀请主体是采购人而不是随机抽取。

（2）编制磋商文件的主体。

编制磋商文件的主体是采购人而不是磋商小组。

（3）关于在磋商过程中或截止时的3人问题。

在第一阶段，为提高采购效率无论在磋商过程中或磋商截止时，推荐供应商不足3人不影响磋商程序第二阶段的进行。政府采购规定的竞争性磋商第一阶段结束时，推荐的供应商不足3人不再进行第二阶段的财务谈判。

（4）评审办法不做强制规定。

评审办法由企业制定或采购人约定，不做强制规定。

（5）执行公示制度。

发出成交通知书前执行本标准3.8.2规定，即及时在企业指定媒体公示成交候选人，接受社会监督。

4.4　单源和多源直接采购

【释义】

本条规定的采购方式包括单源和多源直接采购。其共同特点是采购需求明确，由于特定条件限制，采用该方式不能竞争采购。

不同的是单源直接采购是在卖方市场条件下供应商是唯一的，采购人处于相对被动地位；多源直接采购是在卖方市场条件下供应商不唯一且不存在竞争要素，采购人处于相对主动地位。

直接采购也是企业紧急采购的主要方式之一。

4.4.1 单源直接采购

【释义】

单源直接采购基于信息相对透明、价格一般依据市场行情或特定条件，价格谈判的空间很小或者没有空间，一般仅就数量或时间约定后就直接签订合同。

在公共采购中，单源直接采购是在所有采购方法均已证明不合适的情况下最后采用的方法。企业采用直接采购还有体现社会政策目标、满足生产紧急需要等其他原因。单源采购的标的包括工程、货物和服务。

4.4.1.1 适用条件

单源直接采购应符合下列条件之一：

——采购标的只能从某供应商获得，或者某供应商拥有与采购标的相关的专属权，不存在其他合理选择或替代物，也不可能使用其他任何采购方式。

示例1：同一产品项目由于生产计划调整需要追加采购同种物资的跟踪采购；生产过程中无法保障对企业正常供应的求援、知缺物资采购。

——生产经营发生了不可预见的紧急情况，不能采用其他方式且只能从某特定供应商采购。

——采购人原先向某供应商采购货物、设备、技术或服务的，需要与现有货物、设备、技术或服务配套。

示例2：为满足特定软件的升级维护服务须向原开发服务商采购的项目。

——向某供应商采购符合保护国家基本安全利益或企业核心利益；或者有利于实现国家社会经济政策的采购。

示例3：涉及国家秘密或企业秘密不适宜进行竞争性采购的项目；供应商与采购人存在控股、管理关系且依法有资格能力提供相关工程、货物和服务的采购项目；为振兴国内制造业或提高重大装备国产化水平等国家政策需要的采购项目。

——采购金额小，需求技术规格简单通用，市场价格透明和竞争度高，可以直接比较和判断选择的采购项目。

【释义】

单源直接采购的适用条件有 5 种情形。

1. 供应商唯一（单购）

采购标的只能从某供应商获得，或者某供应商拥有与采购标的相关的专属权，不存在其他合理选择或替代物，也不可能使用其他任何采购方式。

该条援引示范法第三十条第五款（a）项。造成唯一的情形有四个原因，一是由于各种原因供应商唯一；二是由于有技术专属权供应商唯一；三是没有替代物；四是其他采购办法不适用。

2. 紧急采购（急购）

生产经营发生了不可预见的紧急情况，不能采用其他方式且只能从某特定供应商采购。这类紧急情况比竞争谈判遇到的情况更紧急。如发生自然灾害后矿泉水、医疗用品的采购最迫切，应当直接采购；同一灾难中，可能也有临时住房的需要，但通常没有如此紧迫。直接采购的数量满足最紧迫的采购需求即可，其余尽可能采用竞争方式采购。

此外，框架协议组织形式也可以适用紧急采购，但该紧急采购一般是可以预见的，单源直接采购使用的紧急采购一般都是突发的、不可预见的。

3. 配套采购（配购）

采购人原先向某供应商采购货物、设备、技术或服务的，需要与现有货物、设备、技术或服务配套。

企业在生产经营中为保证生产秩序的稳定或保持原有设备的性能质量，采购频次不高的总成、模块、软件升级等可直接向原生产企业直接采购。

4. 国家或企业利益和政策目标

向某供应商采购符合保护国家基本安全利益、企业核心利益，或者有利于实现国家社会经济政策的采购。

涉及国家秘密或企业秘密不适宜进行竞争性采购的项目应向满足采购需求的供应商直接采购，如军品配套火药。

供应商与采购人存在控股、管理关系，有资格和能力提供的采购项目如产品配套液压件、总成、模块等，且在集团内只有唯一供应商能满足产品供应链的质量标准，应直接采购，否则影响企业核心利益。但如在集团内供应商不止一家，则应采用邀请招标或询比的方式采购。

企业为振兴国内制造业或提高重大装备国产化水平等国家政策需要的采购项目，企业在我国进口博览会的采购都属于有利于实现国家社会经济政策目标的采购，可以直接采购。

5. 可以直接比较和判断选择简单小额的采购项目

标的物为小额、简单的项目，为提高采购效率降低管理成本，企业可以建立直采目录，在目录内的商品可进行直接采购。

4.4.1.2 采购程序

企业单源直接采购的程序应符合表4-9的规定。

表4-9　　　　　　　　　　企业单源直接采购的程序

程序	工作内容
1. 确定邀请方式	采购人采用订单方式直接采购由生产计划部门提出； 采购人决定采用邀请函方式直接采购的设备、物资应符合4.4.1.1的条件并应由企业有关部门批准或属企业单源采购清单目录内项目
2. 采购准备	采购人应根据需求对采购标的物的市场价格、质量、供货能力以及税率等重要信息进行充分调查摸底
3. 发出采购订单或单源采购邀请书	采购人向特定供应商发出采购订单或单源采购邀请书。 采购订单内容应包括：采购人全称地址、供应商全称地址、订单号码、采购日期、品名、规格、数量、币种、单价、总价、交货条件、付款条件、税别、单位、交货地点、交货时间、包装方式、检验、交易模式等内容。 单源采购邀请书内容应包括： ——采购人名称和地址； ——采购货物或者服务的使用范围和条件说明； ——提交响应文件的截止时间； ——拟协商的时间、地点； ——采购人（采购代理机构）的联系地址、联系人和电话。 采购信息宜通过企业指定媒介发出

续　表

程序	工作内容
4. 采购小组	采用订单直接单源采购的采购机构和程序由企业制度规定。 采用邀请书方式单源直接采购的采购小组由采购人依据企业制度规定组建，采购人可根据需要决定是否聘请有经验的咨询专家参加采购小组
5. 采购协商	采用订单方式单源直接采购的采购小组与供应商协商的主要内容应包括： ——适价：价格是否合适； ——适质：质量是否满足要求； ——适时：交付时间是否满足要求； ——适量：交付量是否满足要求； ——适地：交付地点是否满足要求。 采用邀请书方式单源直接采购的采购小组应编写协商情况记录。 协商记录的主要内容应包括： ——企业采购管理部门批准文号或允许单源直接采购的清单目录编号； ——协商过程争议要点及解决办法； ——协商日期和地点，采购人员名单； 记录签字：协商情况记录应由采购小组参加谈判的全体人员签字认可。对记录有异议的采购人员，应签署不同意见并说明理由。采购人员拒绝在记录上签字又不书面说明其不同意见和理由的视为同意
6. 签订合同	应按 3.9 规定执行

【释义】

1. 邀请方式

单源直接采购的邀请方式有两种，一是依据企业订单的方式采购。二是通过邀请书的方式采购。政府采购制度规定，是否可以采用单源采购应在政府指定媒介公示该方式采购的合理性。本标准没有规定单源直接采购前的公示程序。采购方式的确定应当符合企业的最大利益。

确定采用单源采购方式的程序由企业制度规定。

2. 邀请书的内容和媒体

鉴于招标投标法和政府采购法对单源直接采购邀请书的内容均没有规定，

本标准作出了订单和邀请书内容的一般要求。同时规定，如果时间允许，邀请书应当通过企业指定媒介发出，以接受社会监督。

3. 采购小组

鉴于单源直接采购范围的复杂性，本标准规定，采购人依据企业制度组建采购小组；是否聘请咨询专家参加采购小组应依据项目特点由采购人自行决定。

4. 采购协商

（1）由于单源采购方式的属性，采购人价格谈判的空间不大，但是采购人也应当通过协商谈判为企业争取更大利益，主要是在价格谈判有限的空间内对采购合同的供货范围、技术要求、商务条件等合同要素协商谈判，满足企业生产经营需要。本标准用 5R 概括了评估的主要内容。

适价（Right Price）：价格是否合适；

适质（Right Quality）：质量是否满足要求；

适时（Right Time）：交付时间是否满足要求；

适量（Right Quantity）：交付量是否满足要求；

适地（Right Place）：交付地点是否满足要求。

（2）《政府采购非招标采购方式管理办法》（财政部令第 74 号）第四十二条规定："单一来源采购人员应当编写协商情况记录，主要内容包括：

（一）依据本办法第三十八条进行公示的，公示情况说明；

（二）协商日期和地点，采购人员名单；

（三）供应商提供的采购标的成本、同类项目合同价格以及相关专利、专有技术等情况说明；

（四）合同主要条款及价格商定情况。

协商情况记录应当由采购全体人员签字认可。对记录有异议的采购人员，应当签署不同意见并说明理由。采购人员拒绝在记录上签字又不书面说明其不同意见和理由的，视为同意。"

本标准参照该条款做了类似规定。

5. 注意

本标准单源采购的适用范围和程序同政府采购法单一来源谈判的规定基本相同，但有以下区别。

（1）政府采购采用单一来源方式需要进行公示程序，考虑到企业采购效率，企业实行单源采购由管理部门批准或"标的"在企业允许单源采购的目录内即可以进行采购。

（2）政府采购关于单源采购中"添购"的比例不超过10%，本标准对此没有规定，企业可以通过制度规定添购的比例。添购合同金额依据企业生产运营的需要确定。企业称之为跟单采购或跟标采购。

（3）在该采购方式中，采购人处于相对弱势地位，对采购标的没有选择权，因此该类采购中应注意尽可能增加采购透明度，加强对采购方式选用的合理性和过程的公开性的监督。

4.4.2　多源直接采购

【释义】

多源直接采购是在企业采购中特有的一种方式，是在缺乏竞争要素的买方条件下邀请多家供应商提供产品的货物采购。所谓缺乏竞争要素指由于采购人需求较大，任何一个供应商都难以满足采购人的采购数量要求，必须多家供应；各供应商之间不存在你死我活的竞争关系。而且该类采购的货物一般在市场上价格透明，只要质量能满足要求即可。

多源直接采购和框架协议组织方式都可以和不止一个供应商签订合同，所不同的是框架协议一般只规定了价格，数量和供货期不定，其协议属于预约合同；多源直接采购的合同包括合同的全部要素，是价格、质量和数量都有规定的本约合同。二者合同性质不同。

多源直接采购方式不适用价格不稳定或"标的"升级换代较快的产品采购活动。

4.4.2.1　适用条件

多源直接采购应符合下列条件之一：

——企业生产需要、有多家供应商可以提供且不符合招标或其他竞争条件，采购人进行价格要约，多家供应商承诺并签订合同的采购。

——货源质量经评估，采购人依质量等级确定价格，采购人和众多供应商签订合同的采购。

示例：奶制品生产企业实行的原奶质量计价法采购。

【释义】

多源直接采购的适用条件有两条。

（1）企业生产需要、有多家供应商可以提供且不符合招标或其他竞争条件，采购人进行价格要约，多家供应商承诺并签订合同的采购。如石油行业的砂石需要多家供应，由于需求较大，多源直接采购的货物只要能满足采购人的要求，即可签订完整的供货合同，供应商风险较小且没有激烈的竞争。

（2）货源质量经第三方评估，采购人依质量等级确定价格，采购人和众多供应商签订合同的采购。如奶制品企业的奶源供应，奶源由第三方制定质量等级标准，依据市场确定等级价格，对符合条件的奶源企业直接采购。企业称之为质量计价法。

鉴于奶源提供的是奶制品企业的主要原料，该类采购也属于企业的战略采购。

4.4.2.2 采购程序

企业多源直接采购的程序应符合表4–10的规定。

表4–10　　　　　　　　企业多源直接采购的程序

程序	工作内容
1. 采购方式的确定	依据企业生产计划通过制度规定确定多源直接采购项目。特殊情形的采购需要企业有关部门批准
2. 采购准备	采购人应根据需求对采购标的物的市场价格、质量、供货能力以及税率等重要信息进行充分调查摸底。对货源进行质量评估并定价（如有）
3. 发出订单或合同草案	由授权采购部门直接向多家供应商发出订单合同或要式合同草案。采购人员在发出采购订单后，与供应商及时沟通、确认并跟踪订单
4. 沟通协商	多源直接采购小组填写采购记录并依据企业制度规定公告、备案或报告。记录内容同单源采购内容要求
5. 签订合同	应按3.9规定执行

【释义】

1. 采购方式的确定

一般依据企业生产计划通过制度规定确定，特殊情形由企业有关部门批准。特殊情形指突发事件采购或非生产计划物资的采购，以防止采购人权利滥用。

2. 采购准备

由于多源直接采购可以供货的供应商不止一家，因此，在发出邀请前采购人应对市场行情做全面的调查，以便在签订合同时为企业争取最大利益。在需要第三方评价时，如有条件应通过竞争采购方式选择第三方咨询机构，以保证评价的公正性。

3. 发出订单或合同草案

该条规定了发出订单或邀请的主体是企业授权的机构或部门；发出订单应跟踪，签订合同后应认真履行；为体现公正，方便社会监督，除需要保密事项外，有关事项应当在企业指定媒介公示。

4. 协商和沟通

和单源直接采购的要求相同。

5. 特殊情形下的战略采购

如果多源直接采购属于企业产品的主要原料，该类采购也属于战略采购。即战略采购除了采用合作谈判等采购形式外，多源直接采购也是在特定条件下实现企业战略采购的一种方法。

附 录 A
(资料性附录)
企业项目采购方式指南

【释义】

随着人类的发展，人类有组织的活动分化为两种类型，一类是连续不断周而复始的活动。人们称之为"运作"或"作业"（Operation），另一类是临时性、一次性的采购，人们称之为"项目"（Projects）。有项目就有项目管理。依据《中国项目管理知识体系》①定义，项目管理包括了综合管理、范围管理、时间管理、费用管理、质量管理、人力资源管理、项目沟通管理、风险管理和采购管理。

企业项目采购管理包括工程项目或其他项目采购管理。项目采购的目标是项目生命周期利益的最大化。项目的一次性特征指项目本身，不等于在采购项目管理中只有一次采购。

A.1 企业工程项目

A.1.1 项目内容

A.1.1.1 在依法必须招标的总承包项目中，凡是作为工程总价的子目参与竞争的勘察、设计、施工、监理以及与工程建设有关的重要设备、材料等依法分包采购，应在投标文件中载明。可以不再必须招标采购，采购人可选用本

---

① 中国（双法）项目管理研究委员会. 中国项目管理知识体系［M］. 北京：电子工业出版社，2006.

标准规定的方式采购。

A.1.1.2 企业办公用房、生产用房以及其他辅助建筑物，构筑物包括码头、道路、桥梁、管道、电网、水库、烟囱、池、罐、槽、仓、塔、台、站、沟、洞、坝、闸、场、棚等。上述建筑物、构筑物的新建、改建、扩建及其相关的装修、拆除、修缮单项合同 400 万元人民币以下的项目。

项目结算价和估算价不一致以估算价为判断是否规避招标的执法标准。

示例：新建供气站、扩建热源管网、电网及变电站施工、改建车间运输轨道等单项合同 400 万元人民币以下的工程。

A.1.1.3 企业新建、改建、扩建无关的装修、拆除和修缮工程项目。

示例：办公楼粉刷、烟囱拆除、建筑物防水处理等装修、拆除、修缮等工程。

【释义】

本条规定了 3 类非必须招标的工程项目。

1）在依法必须招标的总承包项目中，凡是作为工程总价的子目参与竞争的勘察、设计、施工、监理以及与工程建设有关的重要设备、材料等依法分包采购，应在投标文件中载明，可以不再必须招标采购，采购人可选用本标准规定的方式采购。

该条款规定的总承包项目包括施工总承包和工程总承包。施工总承包不包括设计，是在现有图纸范围内实施的总承包；工程总承包指至少应包括设计或建造两类项目的总承包。

上述项目属于非必须招标的依据如下。

（1）实施条例第二十九条："招标人可以依法对工程以及与工程建设有关的货物、服务全部或者部分实行总承包招标。以暂估价形式包括在总承包范围内的工程、货物、服务属于依法必须进行招标的项目范围且达到国家规定规模标准的，应当依法进行招标。

前款所称暂估价，是指总承包招标时不能确定价格而由招标人在招标文件中暂时估定的工程、货物、服务的金额。"

上述条款规定了以暂估价形式包括在总承包范围内的项目，达到法律规模标准的，应当必须招标。依据民事行为法无禁止即可为的立法原则，暂估价外且参与竞争的项目则不属于依法必须招标的项目。

（2）《工程建设项目施工招标投标办法》（七部委 30 号令）第三十六条第三款规定："投标人根据招标文件载明的项目实际情况，拟在中标后将中标项目的部分非主体、非关键性工作进行分包的，应当在投标文件中载明。"

上述条款规定在总承包项目中包括施工总承包，总承包方可以将非关键、非主体的施工项目在投标文件中载明并参与竞争，如办公大楼施工总包中的玻璃幕墙的分包。分包的采购形式不违法即可。即除属于必须招标的范围且达到法定规模的暂估价外，总承包人在投标前已经通过竞争方式选取分包伙伴，其总价包含的分包参与了项目竞争的，不属于强制招标范围。在这种情况下，企业制度要求通过招标方式选择分包商应按照自愿招标项目的规定进行管理。

（3）《工程建设项目货物招标投标办法》（七部委 27 号令）第五条第二款规定："工程建设项目招标人对项目实行总承包招标时，未包括在总承包范围内的货物属于依法必须进行招标的项目范围且达到国家规定规模标准的，应当由工程建设项目招标人依法组织招标。"

据此，已经包含在总包范围内且参与竞争的货物和原材料不属于法律规定的强制招标的范围。企业为进一步降低采购成本采用招标的方式采购属于自愿招标项目，执行程序较为宽泛。如果总包项目包括设计项目即构成工程总承包。

（4）2014 年住建部颁布的《住房城乡建设部关于推进建筑业发展和改革的若干意见》（建市〔2014〕92 号）"（十九）加大工程总承包推行力度。倡导工程建设项目采用工程总承包模式，鼓励有实力的工程设计和施工企业开展工程总承包业务。推动建立适合工程总承包发展的招标投标和工程建设管理机制，调整现行招标投标、施工许可、现场执法检查、竣工验收备案等环节管理制度，为推行工程总承包创造政策环境。工程总承包合同中涵盖的设计、施工业务可以不再通过公开招标方式确定分包单位。"

（5）《国务院办公厅关于促进建筑业持续健康发展的意见》（国办发〔2017〕19 号）第三条、完善工程建设组织模式第三项："（三）加快推行工程总承包。装配式建筑原则上应采用工程总承包模式。政府投资工程应完善建设管理模式，带头推行工程总承包。加快完善工程总承包相关的招标投标、施工许可、竣工验收等制度规定。按照总承包负总责的原则，落实工程总承包单位在工程质量安全、进度控制、成本管理等方面的责任。除以暂估价形式包括在工程总承包范围内且依法必须进行招标的项目外，工程总承包单位可以直接发包总承包合同中涵盖的其他专业业务。"

住建部和国务院上述文件明确规定：工程总承包单位可以直接发包总承包合同中涵盖的其他专业业务。

2）企业办公用房、生产用房以及其他辅助建筑物，构筑物包括码头、道路、桥梁、管道、电网、水库、烟囱、池、罐、槽、仓、塔、台、站、沟、洞、坝、闸、场、棚等。上述建筑物、构筑物的新建、改建、扩建及其相关的装修、拆除、修缮单项合同400万元人民币以下的项目。

项目结算价和估算价不一致以估算价为法律适用合规性的判断标准。

示例：新建供气站、扩建热源管网、电网及变电站施工、改建车间运输轨道等单项合同400万元人民币以下的工程。

本项规定的工程项目属于招标法规规定的建筑物和构筑物。其定义由《固定资产分类与代码》（GB/T 14885—2010）规定。房屋编号1020000，构筑物编号1030000。主要指工程产品。

（1）该工程类别单项合同估算金额400万元人民币以下（包括本数）的项目依法律规定属于非必须招标的项目。

在工程管理实践中，合同结算价和估算价难免不一致。监督部门判断是否规避招标的标准应当依据《必须招标的工程项目规定》（国家发展改革委令第16号）的规定以"单项合同估算价"为执法标准。至于结算价超过估算价的原因应当另行研究处理。

（2）上述厂区内建设的超过400万元人民币的工程是否全部都属于必须招标的工程，存在争议，本标准没有将其列入标准正文。但应当指出，企业在生产厂区扩建厂房、氧气站、铺设交通轨道、输气管道等生产工程项目虽然也属于工程项目，但这类项目和在厂区外新建楼堂馆所不同，这些工程不需要重新办理土地、规划等行政手续，大部分也不需要在政府招标管理监督部门立项。因此和这类生产有关的工程项目不应属于管制工程范围，或者说不是招标投标法立法管制的范围。

由国家发改委法规司、国务院法制办、监察部执法监察局编著的《中华人民共和国招标投标法实施条例》在关于强制招标的范围释义中指出：

"确定强制招标的项目范围：一是要考虑项目是否具有公共性。二是要考虑成本因素。即便是具有公共性的项目，也并不意味着一律要进行招标。三是要考虑市场发育程度。对于具有公共性的项目，如果成本、质量、效益、工期等约束机制比较健全，也可以不纳入强制招标范围，发挥市场机制的作用即可。"

因此，编写组认为，企业在厂区内建设的上述工程项目是否属于法律规定必须招标的工程项目应当区别两类情形分别处理。

一是纳入国家政府有关部门审批、核准或备案的企业工程项目，企业该类项目视为扩建、改建项目，需要在报送项目可行性研究报告或者资金申请报告、项目申请报告中增加有关招标的内容，企业应依照批复或备案的采购方式采购。

二是没有纳入政府有关部门审批、核准和备案的企业工程项目或企业生产过程的工程项目不受规模限制，采购人自行决定采购方式。

如企业进行的煤改气工程，包括大型天然气储罐的拼装制造及其管网制造安装属于机电工程，机电工程属于工程项目。

①如果该项目经国家有关部门立项批复（一般可能有政府补贴资金），其采购方式按照第一项规定执行。

②如该项目属于企业根据生产需要进行的建设，应视为生产过程的工程项目，其采购方式由企业自行决定。

3）企业新建、改建、扩建无关的装修、拆除和修缮工程项目。

示例：办公楼粉刷、烟囱拆除、建筑物防水处理等装修、拆除、修缮等工程。

上述项目属于工程项目，但它是法律明文规定管制外的工程，包括工程产品或工程过程。

实施条例第二条第二款是对管制工程的定义："前款所称工程，是指建设工程，包括建筑物和构筑物的新建、改建、扩建及其相关的装修、拆除、修缮等；"即所谓工程包括新建、改建、扩建及其相关的装修、拆除、修缮。其中，新、改、扩建的工程没有限制范围，但装修、拆除、修缮工程的范围有限制条件，只有和新、改、扩建有关的装修、拆除、修缮属于管制工程的范围。和其无关的则不属于管制工程的范围。对此，国务院法制办公室《对政府采购工程项目法律适用及申领施工许可证问题的答复》（国法秘财函〔2015〕736号）明确规定："与建筑物和构筑物的新建、改建、扩建无关的单独的装修、拆除和修缮等不属于依法必须招标的项目。"因此，企业在厂区单纯进行的装修、拆除和修缮项目既然不在管制工程的范围内，那么该类项目也就没有做规模限制。

综上，企业采购3）类项目可执行本标准规定的采购方式。

A.1.2 采购方式

企业工程项目的采购方式，宜选用下列方式之一：

a）招标采购；

b）询比采购；

c）单源直接采购。

【释义】

上述工程项目在具有竞争条件的情形下应优先采购本标准规定的招标方式，其中标准化简单的中小项目适用询比方式采购，在特定条件下只能单源直接采购的采用直接采购方式。

A.2 企业技术改造项目

A.2.1 项目内容

A.2.1.1 技术改造项目生产线、流水线的采购，不包括机电产品国际招标规定范围内项目。

A.2.1.2 技术改造项目中的土木工程、建筑工程、线路管道和设备安装工程及装修工程且单项合同400万元人民币以下的工程项目。

【释义】

1）技术改造项目生产线、流水线的采购。（机电产品国际招标规定范围内项目除外）

企业为促进产品技术进步，调整产品结构，提高产品质量，对其生产设备、工艺流程进行的更新改造称为技术改造项目。

在技术改造项目中包括设备、设施、配套软件以及由此构成的流水线的采购，也包括相应的建筑工程、土木工程和机电工程（安装）。该类项目设备和软件采购金额一般是合同的主要部分。判断工程和设备的区别是，工程拆除后将成为废墟，难以恢复原状失去其原有功能；设备拆除后重新安装仍可恢复其功能。因此，设备、设施采购不是工程采购。除了进口机电产品（国际招标规定范围内的机电产品），设备、设施采购不属于必须招标的范围，可使用本标准规定的采购方式。

2）技术改造项目中的土木工程、建筑工程、线路管道和设备安装工程及装修工程且单项合同 400 万元人民币以下的工程项目。

该条规定的项目属于技术改造项目中的建筑工程、土木工程和机电工程，依法律规定，国有企业投资的单项合同 400 万元人民币以下不属于必须招标项目。

实践中，技术改造项目中单项采购合同估算价超过 400 万元的工程项目经过国家有关部门审批的执行国家有关部门批复的规定，并接受政府有关部门的监督。没有政府批复的企业自行组织的技术改造项目采购执行本标准（详见指南 A.1.1 释义）。

其中，作为一个项目既有非必须招标的部分，又有必须招标的部分，单项合同能够分开的分别执行法律规定和标准规定。难以分清的从严掌握。

A.2.2　采购方式

企业技术改造项目的采购方式，宜选用下列方式之一：

a）招标采购；

b）询比采购；

c）竞争谈判采购；

d）竞争磋商采购。

【释义】

技术改造项目具有竞争条件的宜采用招标采购方式，包括公开或邀请招标采购；一般简单项目采用询比采购；紧急采购采用竞争谈判方式；复杂项目采用竞争磋商采购，鉴于技术改造项目的特点，磋商采购是技术改造项目最常用的方式。

A.3 企业生产设备设施项目采购

A.3.1 项目内容

A.3.1.1 为满足生产需要，通用或专用设备的采购。

示例1：机械设备、电气设备、特种设备、办公设备、运输车辆、发电车辆、检测车辆、仪器仪表、计算机及网络设备等通用设备。

示例2：化工专用设备、航空航天专用设备、企业特种车辆等专用设备。

A.3.1.2 为满足生产要求，通用或专用的工装、模具的采购。

示例1：焊接翻转台等通用工装模具。

示例2：各类特制专用工装模具。

A.3.1.3 为满足生产需要，生产设施的采购。

示例：产品测试系统。

【释义】

采购属于企业固定资产投资的设备，分别为通用设备、专用设备；工装、磨具也包括通用、专用两类；均不属于依法必须招标的范围。

《工程建设项目货物招标投标办法》（七部委27号令）第六十一条："不属于工程建设项目，但属于固定资产投资的货物招标投标活动，参照本办法执行。"据此，企业固定资产采购如采用招标方式，招标法规中针对必须招标的专属规定执行本标准的相应规定。

生产设施专指检测仪器设备的采购，不包含土木工程的采购。

A.3.2 采购方式

企业生产设备设施项目的采购方式，宜采取下列方式之一：

a）招标采购；

b）询比采购；

c）竞争谈判采购；

d）竞争磋商采购；

e）单源直接采购。

在设备采购中一般通用设备、工装磨具具备招标条件的，应当公开或邀请招标采购，专用设备工装模具需要私人定制。紧急采购采用竞争谈判的方式，标准简单设备采购询比的方式，复杂设备应通过磋商方式采购，只有唯一供应商或必须从某供应商采购的采用单源直接采购。

A.4 企业生产维护项目采购

A.4.1 项目内容

A.4.1.1 生产运行中的专业工程项目。

示例：集团内分工的矿业生产的巷道掘进、土壤剥离工程、工业窑炉的砌筑、物理勘探、钻井等。

A.4.1.2 运行维护中的专业工程项目。

示例：集团内分工的公路紧急养护、专项养护、流水线控制技术的升级服务等维护项目。

【释义】

生产运行中的专业工程项目和维护工程达到法律规定规模的是否属于必须招标一般容易混淆。

和 A.1 工程产品不同，该类项目主要指工程过程不是工程产品，不属于依法必须招标范围有以下理由。

（1）依据联合国统计署（United Nations Statistics Division）对世界经济与

产业分工的标准（ISIC），该标准将建筑业分为三类，包括住房建筑、土木工程和特殊建筑活动，而矿产开采、化工和其他产品制造则列入另外的产业标准，未列入建筑业。显然，这是把工业制造项目中工艺流程方面的技术列入制造业，而涉及这些工业项目的安装活动才列入建筑业。

（2）招标投标法规范的重点是新建、改建、扩建及其相关的装修、拆除、修缮的工程建设项目。该类项目在管理中有一个重要的标志是项目须政府有关部门进行批准、核准或备案并进行监督。企业生产中的工程是生产环节的一个重要组成部分，政府有关部门对企业生产过程的工程采购既不审批也不备案。即生产过程中的工程不属于政府管制的工程项目。

综合上述，本标准将该类项目的采购列入非必须招标范围。

A.4.2 采购方式

企业生产维护项目的采购方式，宜采取下列方式之一：

a）竞争谈判采购；

b）竞争磋商采购；

c）单源直接采购；

d）多源直接采购。

【释义】

企业生产和维修工程属于生产过程的工程，是供应链的组成部分。如石油行业物探、钻井、固井、测井、录井、试井等生产工程，依据企业分工和生产计划，集团内部直接采购应是该类采购的主要方式。如集团内部具有竞争条件可选用竞争谈判的方式。

有些试验工程如井下防爆实验等项目，有很多不确定因素，采购人只能提出目标需求，需要和集团内有关专业设计院讨论对话，则应采用竞争磋商的方式采购。

生产过程中一般劳务零星线性工程，集团公司在各地有固定维修队伍可多源直接采购。

应当注意的是，生产过程的工程虽然不属于管制工程，但是有些工程需要具备相应的资质，如高瓦斯巷道掘进工程，采购人可以通过谈判采购确定承包商，但其必须具备相应资质。

其次，随着企业改革的深入，企业专业化分工越来越细，企业需要在市场采购专业化服务，其中不属于生产过程的工程建设项目符合必须招标的工程应当强制招标。

A.5 必须招标项目失败后的采购

A.5.1 项目内容

A.5.1.1 必须招标项目两次招标失败后不再招标的采购。

A.5.1.2 非必须招标项目一次失败后不再招标的项目。

【释义】

招标失败的原因大致分为主观和客观两方面。主观原因主要是在信息不对称的情况下，采购人在制订采购方案、编制采购文件方面缺乏经验，造成采购目标不切合实际，采购文件规定的业绩要求、资质等级过高，或采购标的模糊，商务条件过于苛刻等；对此，采购人应当寻找失败的原因，明确采购目标修改招标文件重新发布公告，如果有意排斥潜在特定供应商，企业主管部门应加强监督予以纠正。在客观方面，包括满足采购标的供应商不足，或由于信息通道不畅造成供应商有限等。只要采购任务没有取消，必须招标的项目在两次招标失败后应依据有关法规按照本标准规定的采购方式实施采购。为提高采购效率，非必须招标的项目一次招标失败后即可采用其他采购方式采购。

A.5.2 采购方式

必须招标的项目失败后的采购方式，宜采取下列方式之一：

a）询比采购；

b）竞争谈判采购；

c）竞争磋商采购；

d）单源直接采购。

【释义】

招标失败的项目情况复杂，重新采购时大中型复杂项目宜通过谈判采购、竞争磋商方式采购；一般中小型简单项目采用询比的方式采购，紧急采购可选用竞争谈判采购，确实只能由特定供应商供应的采用单源直接采购。

A.6　缺乏竞争条件的项目

A.6.1　项目内容

供电、供热、供水、供气、消防、企业内部铁路等特定工程项目经有关部门认定应必须招标但缺乏实质性竞争条件的项目。

【释义】

供电、供热、供水、供气、消防、企业内部铁路等特定工程项目的共同特点是在现有体制下缺乏实质意义上的竞争。上述行业目前一般具有垄断性，相关企业除了商业功能，有些还具有行政管理功能，因此目前在上述工程招标中大都比较形式化。

国家发改委颁布的《工程建设项目申报材料增加招标内容和核准招标事项暂行规定》（9 号令）第五条第三项："（三）承包商、供应商或者服务提供者少于三家，不能形成有效竞争；"建设项目可以不进行招标。但在报送可行性研究报告或者资金申请报告、项目申请报告中须提出不招标申请，并说明不招标原因。

参照上述规定，依据项目特点和行业的不同规定，凡有国家有关行政部门审核批准的项目依照批准的采购方式执行；没有国家行政部门审核批准采购方式的项目，由采购人的上级部门核准不属于必须招标的项目，采用本标准规定的办法采购。

A.6.2　采购方式

缺乏竞争条件的项目，宜采取下列采购方式之一：

a）合作谈判采购；

b) 单源直接采购。

【释义】

由于该类项目缺乏竞争，因此，宜选用合作谈判的方式或单源直接采购的方式采购。

附　录 B
（资料性附录）
企业运营采购方式指南

【释义】

企业运营采购指为实现满足企业运营管理目标、维持日常运营活动而实施的重复性采购活动，分为与生产直接相关的运营采购和间接相关的运营采购。

B.1　企业原材料物资采购

B.1.1　采购办法选用原则

企业可依据物资的不同分类标准结合市场供应确定采购方式。

【释义】

企业物资采购管理是企业管理的重要内容，1983 年 9—10 月号的《哈佛商业评论》首次刊载了彼得·卡拉杰克（Peter Kraljic）的《采购必须纳入供应管理》（*Purchasing Must Become Supply Management*）一文，提出了卡拉杰克矩阵（Kraljic Matrix），通过收益影响和供应风险组成的矩阵将企业采购分为杠杆项目、战略项目、非关键项目、瓶颈项目，并据此提出了采购策略，包括采购原则、目标、方式等。

彼得·卡拉杰克的贡献在于他把采购和供应作为一个系统进行研究，这是国有企业采购和一般公共采购最重要的区别之一。一般政府采购大都是买方市场，购买标的一般是市场通用商品；企业采购不同，企业采购的市场既有买方市场，也有卖方市场，采购标的既有市场通用商品又有需要私人订制的商品。因此，采购人确定采购策略不能仅依据己方项目特点和需求闭门造车，还必须结合供应商的技术垄断性、生产能力、甚至政治环境通盘考虑。在全球供应链的环境下供应安全甚至比质量还重要。

除此之外，采购人还要依据己方采购能力选择适当的采购方式，如对难以预料的紧急采购可以用竞争谈判的方式，也可以直接采购，如对市场熟悉应尽量选用谈判采购，通过一定的竞争性降低采购合同成本。

对于可以预料的紧急采购可通过框架协议组织采购，其组合的采购方式尽可能选用竞争性强的采购方式，在降低采购成本的同时降低合同成本。

卡拉杰克矩阵的简要内容见本书资料 A。

在供应商保证供应的前提下，企业采购组织和方式选择的一般原则见表 B –1。

表 B –1　　　　　　　　　运营采购组织和方式选择的一般原则

常用类别	通用商品	专用商品
重复采购	框架协议（招标）合作谈判	合作谈判、邀请招标
不经常采购	公开招标	竞争谈判、询比采购
战略采购	招标采购、竞争谈判	合作谈判
日常采购	公开招标、询比采购	邀请招标、询比采购
紧急采购	竞争谈判、直接采购	框架协议、直接采购
复杂采购	邀请招标、竞争磋商	竞争磋商
简单采购	竞价、电子商城（直采）	询比、框架协议

B.1.2　采购内容

采购内容包括：

a）企业为满足生产采购的各种原料、辅料等生产物资采购活动。

示例1：生产用钢材、木材、水泥等。

b）企业维修与作业耗材等非生产性物资采购。

示例2：包装材料、工具等。

【释义】

钢材、木材、水泥等原材料既是工程建设项目的重要原料，也是企业生产用的一般原材料，其他诸如原煤、原油、电子元器件等物资采购都是维持企业正常运转周而复始的日常采购；该类商品的采购一般称为物资采购。

物资采购符合标准 3.5.2.2 适用条件的应组织集中采购，符合标准 3.5.3.2 适用条件的应组织框架协议采购；也可以两种组织形式混合使用。采购方式可选用本标准规定的各类采购方式。

B.1.3　采购方式

企业原材料物资的采购，宜采用下列方式之一：

a）招标采购；

b）竞价采购；

c）合作谈判采购；

d）竞争谈判采购；

e）单源直接采购；

f）多源直接采购。

【释义】

该类物资列示了多种采购方式是由于企业物资采购的多样性决定的。

符合集中采购或框架协议组织形式的应集中或框架协议组织采购。

物资采购的需求目标明确。在采购方式的选择中，只要具有竞争条件的应采用招标采购方式；其中，简单标准的中小型项目也可采用竞价的方式；紧急采购采用竞争谈判方式采购。战略物资通过合作谈判方式，符合 4.4.1.1 条件的采用单源直接采购，符合 4.4.2.1 条件的采用多源直接采购。

B.2　企业生产零部件模块或总成采购

B.2.1　采购办法选用原则

生产计划采购的零部件、配件、模块或总成等项目的采购，供应商能够满足生产需要、质量稳定、供货期满足需求，首次采购签订合同后，合同应保持相对稳定，或同其结成伙伴关系；也可在合同约定，在保障分包产品质量和供货期的基础上分包合同在产品生命周期内一直有效。

【释义】

生产零件、部件、配件、模块或总成等物资采购和一般物资采购的区别首先在于其专业性，因此一般需要面对面的交流或技术交底，因此谈判是首要采购方式。在这个意义上和战略采购的特点相同。其次，该类物资采购大都属于买方市场，采购人一般具有较大的选择性，而战略采购情况复杂。最后，这类采购合同应保持相对稳定性，通过首次采购确定合作关系外，除非不能满足采购人要求，合同在产品生命周期内应当一直有效。在一些维修项目中，框架协议、集中采购也是优先选择的组织形式。

B.2.2　采购内容

采购内容包括：

a）属于产品组成部分的零件、部件、模块或总成等产品；

b）属于产品组成部分专业化分工协作的定点协作企业。

【释义】

该类物资采购的标的分为两类：

a 类的采购标的是产品，构成企业供应链不可分割的组成部分；

b 类的采购标的是企业，例如钢铁企业将耐火材料设计、供应、砌筑、维护、下线整体打包采购，采购定点协作企业。

B.2.3　采购方式

企业生产零件部件模块或总成的采购，宜采用下列方式之一：

a）招标采购；

b）询比采购；

c）合作谈判采购；

d）单源直接采购；

e）多源直接采购。

【释义】

随着经济的发展，社会分工越来越细，各种有特色的专业化产品随着市场需求不断涌现，企业供应链从本地区向本省、国内和国外扩展采购。供应链范围的扩大有利于降低企业采购成本、合同成本和提高产品质量。上述产品中一般可分为通用和专用两类，通用类产品一般竞争性较强，专用类一般竞争性较弱。因此有竞争条件且技术条件标准化的适用招标采购，其余大都适用谈判方式采购，少数产品可选用直接采购方式。

案例：克莱斯勒善待供应商[①]

克莱斯勒汽车零部件供应商：1140 个，品种：6 万多种

采购措施：

1. 让供应商尽早参与新型汽车的设计——尽早发现新材料、新技术和新部件。

2. 实施供应商成本降低计划：不是挤占供应商利润，而是与供应商一起研究如何降低零部件的成本。

3. 与供应商更密切地合作：如指定某供应商为组长，"……最终驱动力是情感，我们十分关注别人对公司的感受"。

B.3　企业咨询服务采购

【释义】

服务采购是一种特殊的采购。

詹姆斯 A. 菲茨西蒙斯（James A. Fitzsimmons）在其著作《服务管理——运作、战略与信息技术》一书中提出："服务是一种顾客作为共同生产者、随

---

① 杨梅. 克莱斯勒善待供应商［J］. 中外企业文化. 2002（03）.

时间消逝的、无形的经历，其生产与消费或受到有形产品的约束，或不受约束。"①

WTO（世界贸易组织）服务部门分类清单共分为十二大类：商业服务；通信服务；建筑及相关的工程服务；分销服务；教育服务；环境服务；金融服务；与医疗相关的服务和社会服务；旅游服务；娱乐、文化和体育服务；运输服务和其他服务，每一大类下都细分了具体的服务项目。

作为一种特殊的生产劳动过程，服务具有与其他生产活动不同的一些特性；各种服务产品与一般劳动商品之间也存在较大差异。这些特性与差异决定了服务的各项固有特征；各项特征相互组合，形成了各式各样的服务类型。服务有以下属性：

（1）无形性与有形性共存。

服务是一种过程、一种活动、一种流程，甚至是一种体验；服务的空间形态基本上是不固定的，大部分生产与消费过程也是流动的；绝大多数服务活动与服务产品无法被使用者触摸到或直接用肉眼看见，如教育培训服务。可见，"无形性"是服务的一个特征；但有些服务利用各种有形的硬件设施与载体，在一定程度上提高服务的可感知性与可评价性即构成所谓有形性服务，如物流管理、展会服务等。即服务具有"有形性"和"无形性"两重性的特征。

（2）生产与消费同步发生。

很多服务的生产与消费过程往往是同时发生的——服务人员在提供服务给消费者的同时，也正是顾客消费服务的时间，两者几乎完全同步。因为服务具有"生产消费的同步性"，很多服务业供应商为推销自己的产品，非常重视消费者体验、服务设施的环境安排。

（3）服务效果的异质性。

因为多数服务产品是心理、精神层面的无形产品，导致服务具有高度的异质性——即同一种服务的质量与效果，会因为提供服务的时间、地点及提

---

① 詹姆斯 A. 菲茨西蒙斯，莫娜 J. 菲茨西蒙斯. 服务管理：运作、战略与信息技术［M］. 北京：机械工业出版社，2015.

供服务的人员等各种相关因素的影响而出现较大的差异；比如在以"人"为服务对象的"有形"采购中，同一个发型，年轻人满意，老年人就认为不好看；在以"人"为服务对象的"无形"采购中，老年人喜欢的影片，年轻人可能不感兴趣。即服务的标准化程度非常低。

（4）服务客体的不可储存性。

绝大多数服务产品是不可储存的，无法如传统有形商品一样，在生产之后存放待售。这是服务的无形性以及生产消费的同步性这两个主要属性所决定的：服务在生产的过程中就进入了消费阶段，且大部分产品都是无形、不可触及的。再加上服务具有异质性，同样的一项服务如果没能及时消费，很可能就永远地损失了。在大多数情况下，消费者亦不能将自己选购的服务携带回家，或是换个地点进行享用。

由于这种无法被储存的特性，使得服务业对于需求的波动更为敏感。评价往往是马后炮。但随着以计算机和通信技术为基础的新兴服务业的出现，特别是5G通信技术的出现，将打破服务不可贮存和运输的传统特性，如远程手术指导等服务。

（5）服务采购的模糊性。

鉴于服务的上述特点，服务采购则呈现出模糊性的特征，包括需求的模糊表述、对象的模糊识别、模糊决策、模糊验收、模糊使用，称之为模糊采购。在模糊采购中，标的没有现成的通用规格，又难以或无法考虑周全，采购人常常难以对服务采购的质量进行科学量化，评标方法无法按照客观标准进行，即为模糊评审。

针对服务合同"履约不确定性"与"权重设置模糊性"的特点，国家关系学院教授赵勇等学者提出了"综合能力评分法"这一新的评标方法。[①] 在选择合同相对人时，服务项目也常采用模糊决策的方法。

中外各类不同决策的结果表明，精确方法（工具理性）与模糊方法各有其优缺点以及适用范围。在模糊决策中其相对应的合同也区别于一般采购。

---

① 赵勇，徐轲，张光准. 基于不确定性多目标决策的政府采购评标方法研究［J］. 山东财经大学学报，2015，27（3）.

案例：动车转让技术实施评价①

2004 年开始的我国高铁招标采购的成功案例被写入美国斯坦福大学教科书②。在本次招标活动中，铁道部凭借我国庞大的市场拉动，充分利用竞争手段，立足全球化而不是闭门造车，走了一条"引进—改进创新—全面创新"的道路。创造了很多经典采购案例。

其中，一份技术服务合同堪称咨询服务合同之典范。

众所周知，在技术服务这类咨询服务合同中，由于采购人和服务商对技术内容了解的信息不对称，采购人对服务项目的质量评价指标很难量化。即所谓采购需求"模糊"。在这种情形下，铁道部在咨询服务合同设置了一个技术实施评价环节。

该服务合同约定，技术引进合同签订后，铁道部先不付款。外国企业作为老师要向国内企业传授技艺，铁道部不考核国外企业教得怎么样，考核对象是中国招标企业学得怎么样。只要国内企业没有学好，采购人即不付钱。服务商不但要全心全意教，还怕碰到笨学生，因为他虽然全心全意上课，碰到笨学生学不会，他的钱一样会打水漂儿。

考核的办法是聘请世界上第三方高铁的同行命题，铁道部组织考试。考核成绩和付款条件挂钩。

这样一个机制保证了我方的工程师、技术工人真正学到高铁核心技术基础，在此基础上，铁道部鼓励支持国内制造企业改进、创新最终实现跨越性的发展，成绩有目共睹。

B.3.1 采购办法选用原则

企业咨询服务在符合招标条件下可采用等额招标办法采购，该评审办法规定，合同价格固定，主要通过评审质量、工期或其他条件确定中标人；或

---

① 高铁见闻 . 高铁风云录 [M]. 长沙：湖南文艺出版社，2015.
② 张春丽 . 中国高铁引进之路：一夜之间砍掉老外 15 亿 [EB/OL]. 人民网，[2008 – 09 – 02].

者依据项目背景的不同，采用竞价、询比、谈判等方式采购。

【释义】

企业咨询服务是指付出智力劳动获取回报的过程，是一种有偿的服务。企业咨询服务是技术人才密集型的，它运用专家的知识、技能和经验，为委托人提供咨询意见、培训人员或进行其他创造性的活动。所以说咨询服务是一种知识性商品。

企业咨询服务是企业生产工序不可分割的组成部分。通常，在企业采购中获得较低价格并不难，但是如果不能同时注重系统的整体价值，更低的价格可能会意味着质量更糟糕，交付时间难以保证；低质量、低价格的供应商可能是高库存成本的源头。因此，企业供应链采购价值增值的关键是要从整体、全局的视角来审视各类采购决策，采购该类服务的重点不在于其采购本身价格最低，而在于对服务对象供应链整体的贡献。

该类采购的特点是其采购的模糊性，本标准推荐了一种定额招标的方式。

所谓定额招标指中标价格已经确定，评审办法确定的评审方法。评审标准主要是对质量、工期或其他条件进行比较并以此确定中标人。

例如，某地方政府规定，为保证监理服务的质量，监理招标文件统一规定，中标价为地方政府规定价格上浮 20%，评审标准主要是对其服务能力的评价。

不言而喻，对该类项目的采购也可采用本标准规定的其他方法采购，如面对面的谈判采购更有利于对模糊项目的沟通，避免双方的风险。

案例：定额招标的评审办法[①]

原油从地下开采出后，都是油水混合液，根据不同的原油物性，分子结构有油包水型，有水包油型。在原油开采出后输送到联合站需要复杂的工艺进行脱水处理，在达到含水分低于 3% 的合格要求后再行外输。在进行原油脱水处理过程中需要使用大量的化学破乳剂。过去需要根据原油物性进行严格

---

① 陈川生，朱晋华. 企业采购与招标管理［M］. 北京：电子工业出版社，2017.

的实验室筛选配伍，谁家的较为适合采购谁家的。随着市场的开放，每家化工厂都能生产万能型的产品，因此，在招标采购中，各厂家比价格、比理化指标。价格越招越低，理化指标一家比一家过硬，但使用后的结果是化学胚乳剂用量越来越多，脱水效果越来越差，而抽样检测各项理化指标都合格。

采购部门经过深入调查研究，发现破乳剂的筛选配伍都不是技术难题，每个化工厂都能生产出适合所需处理原油物性的产品，主要问题是所供产品干剂降低，弄虚作假，偷工减料，犹如做一锅正常的粥需要3斤米，而供应商只用一斤或二斤，再次进行抽样检验时，因有内鬼配合，每次抽样检验都合格。传统招标工作陷入一个死循环的怪圈。

为了走出这个怪圈，采购部门改变传统招标模式，招标文件的技术条件不再设置选药剂配伍、脱水处理技术参数，如温度，压力，排量，处理量，加药间隔时间，加药量，日、月、年处理量，价格，配送，结算等具体参数和要求，招标文件将技术条件统一设置为：产品符合国家××标准，供货数量以联合站为单元，如某联合站年脱水处理量为50万立方，采购部门经过市场调查确定合同价格，即价格不作为竞争因素。采购文件把合同期间一定的原油处理量和相应的用药量作为竞争因素，在完成既定脱水处理任务的前提下，投标文件提供的破乳剂用量最少的供应商为中标人，如中标量为10吨，多用不多付，少用不少付，若处理量发生变化，结算时依据实际处理量进行结算。经过几轮招标后，破乳剂用量降低30%～45%，收到明显的效果。

案例启示：

（1）招标不单是技术问题，更是管理问题，在招标中，既要注重技术，又要重视管理，做到技术和管理并重。

（2）在招标中，不但要重视投标人管理，更要重视招标人的配套管理，如果把所有管理责任都交给投标人，招标工作做得再好也不会有好的执行结果。

（3）管理的真谛是把复杂的问题变简单，而不是把简单的问题复杂化。

（4）招标结果的执行，与管理体制、管理模式以及运营机制密切相关，如果没有相应的管理体制、管理模式以及运营机制做保证，招标水平再高也不会有好的执行结果。

B.3.2　采购内容

采购内容包括：

a）企业为满足生产需要采购的各类技术服务。

示例 1：技术咨询、检测认证、专项论证报告、管理咨询、电子采购平台采购。

b）工程建设项目有关的非必须招标的技术服务。

示例 2：项目可行性研究、安全评价、环境评价、无损检测、审计等服务。

【释义】

本标准示例的技术服务包括非必须招标的"其他项目"以及与工程有关的非必须招标的技术服务。

企业在生产过程中需要大量的技术服务做支撑或构成生产不可或缺的环节。该类采购的模糊性主要表现为采购需求、评审标准的模糊性。打分制运用起来非常便利直观，但是，鉴于评审专家个人的知识结构、信息的有限性和个人认知习惯，对于一种主观性评估，专家的评分未必能够代表这类服务的真实品质，更不能代表专家对于评审对象的喜好。这类采购应注意对结果的评价，有条件的可以通过合作谈判的方式建立伙伴关系。

B.3.3　采购方式

企业咨询服务的采购，宜采用下列方式之一：

a）招标采购；

b）竞争磋商；

c）竞争谈判；

d）询比采购；

e）单源直接采购。

【释义】

该类采购项目的多样性、技术专业性决定了采购方式选择的多样性。在集团内部的技术服务一般可选择谈判采购或直接采购；具有竞争条件的外部服务可采用招标采购；简单标准化的服务可采用询比采购。

B.4 企业劳务服务采购

B.4.1 采购办法选用原则

劳务服务技术含量较低，采购对象主要通过资质条件或业绩考核其基本服务能力，劳务类合同的对价可采用雇用、委托等形式。

【释义】

企业劳务服务的特点是服务形式多样性，和技术服务相比技术含量不高，一般具有竞争性，但是该类采购一般是以"人"为中心的采购，由于是直接作用于消费者自身，且属于有形载体较多、"实体化"程度较高的有形服务，消费者对这类服务的关注和参与程度是最高的；与此同时，由于这类服务是有形、可触的，具备大量实体化载体与硬件设施，在理解与把控方面难度也较低。其采购对价可以采用雇用、委托等方式。

B.4.2 采购内容

企业为满足生产工序外包、为保障正常生产秩序和条件的劳务服务活动。

示例1：为满足生产工序劳务外包的服务类采购。

示例2：保安、清洁、文印、司机、会议服务等采购。

【释义】

劳务服务采购分为生产直接服务的劳务服务和间接为生产服务的后勤服务。其中，作为生产一线工序的劳务服务需要经过专业培训，包括安全教育培训；后勤服务技术含量不高，主要是对服务人员的敬业评价。

B.4.3 采购方式

企业劳务服务的采购，宜采用下列方式之一：

a）招标采购；

b）询比采购；

c）单源直接采购；

d）多源直接采购。

【释义】

该类采购和技术咨询服务相比总体上技术含量不高，服务门槛较低，因此一般具有竞争性。招标应是首选的采购方式；但是由于采购对象是"人"，因此也可以通过询比、谈判等方式进行面对面沟通，面谈可以对采购对象有更直观的了解。对于特需专业人员的采购可直接采购。

B.5 企业产品、运行维护服务采购

B.5.1 采购办法选用原则

企业产品及运行维护服务可通过谈判邀请原服务提供者进行维护服务，也可在采购合同中对售后服务做出约定。在满足生产需要的情况下，可对服务合同在约定条件下进行跟单直接采购。

【释义】

企业生产和专业维修服务是企业生产不可或缺的工序环节，其采购除了合同稳定性外，专业性强也是一个特点，包括一些行业的技术专有性。因此，本标准建议通过谈判采购方式确定供应商，或者通过招标等其他方式采购。认为服务商能够满足需求，可以延长合同或采用跟单直接采购等方式，通过保证服务队伍的稳定性保证生产活动的正常运行。

B.5.2 采购内容

采购内容包括：

a）企业生产线的日常维修、专用设备的保养等；

b）原有电子平台软件升级、维护等。

【释义】

a）企业生产线的日常维修、专用设备的保养等。主要体现生产环节，其采购重点应注重合同的稳定性。

b）原有电子平台软件升级、维护等。主要体现专业的必要性，其采购的重点应注重需求的满足性。

B.5.3 采购方式

企业产品、运行维护服务的采购，宜采用下列方式之一：

a）单源直接采购；

b）合作谈判采购；

c）竞争谈判采购；

d）竞争磋商采购。

【释义】

为了满足生产的稳定性，在初次竞争性采购后，只要能满足需求，该类采购合同应保持相对稳定。因此，单源直接采购是常用的办法；鉴于该类采购的专业性，谈判采购也是适用这类采购的选项之一。

B.6 企业物流和仓储服务采购

B.6.1 采购办法选用原则

企业物流和仓储服务，除了企业必备的物流装备和仓库外，可通过外包的方式进行采购。该类合同签订后应有相对稳定的服务期限；也可通过结成服务联盟的方式，保证供应链目标利益的最大化。

【释义】

企业物流和仓储服务既是企业采购的随后服务，也是企业产品供应链不可分割的组成部分。

美国物流管理协会对物流的定义：物流是为满足消费者需要，在使原材料、半成品、成品和相关信息在原产地和消费地之间实现高效且经济的运输和储存过程中必须从事的计划、实施和控制等全部活动。

生产企业的物流包括采购物流、生产物流和销售物流；商业流通企业的物流只包括采购物流和销售物流。本标准主要是针对企业的采购物流。鉴于该类采购合同是供应链的组成部分，保持合同稳定更为重要。为降低企业成本和满足生产经营的需要，该类合同的有效期一般较长。有些还会以结盟方式保证合同的稳定性。

B.6.2 采购内容

企业为满足生产经营活动需要，仓储物流供应链服务的采购。

示例：车辆租赁、仓储租赁、物流服务、供应链管理服务等采购。

【释义】

物流服务、仓储服务都是供应链管理服务。其中，仓储服务是物流管理的一个环节。物流管理服务和仓储管理服务都包括硬件和软件两方面。这类服务的社会性是该类采购应注意的特点，因此其竞争性较强。

物流、仓储服务表现为对物的有形服务，由于作用对象不是消费者本人，消费者难以对服务流程进行全程监控，可能会出现一些陌生感与风险担忧；但这类服务毕竟可触性较强，消费者在选购时可通过各种有形的服务载体与服务设施，逐渐熟悉这类服务的特性，并通过严格的合同条款设置，要求服务提供者适时提供各种有形、可辨识的阶段性成果等，尽可能规避可能出现的风险，保障自身权益不受损害。

B.6.3 采购方式

企业物流和仓储服务的采购，宜采用下列方式之一：

a）招标采购；

b）询比采购；

c）合作谈判采购；

d）竞争谈判采购；

e）单源直接采购；

f）多源直接采购。

【释义】

仓储、物流采购的社会性和竞争性要求采购人尽可能通过竞争性形式采购，如招标、询比等方式采购；需要建立合作联盟的可采用合作谈判方式；专业性较强的仓储如冷冻仓储或由于采购时间要求的迫切性可以直接采购。

案例：沃尔玛采购的策略①

1. "永远不要买得太多"：减少单品的采购数量，能够方便管理，更主要的是可以节省营运成本。

2. 沃尔玛入场的"门槛"不高。沃尔玛的高层领导曾表示，"羊毛出在羊身上"，如果收取高额进场费和保证金等费用的话，肯定会影响沃尔玛始终坚持的低价策略。

3. 靠优化供应链赚钱。超市赚钱之道分三个阶段：一是进销差价；二是在供应商那里找利润；三是优化供应链，降低物流成本。靠第一种方式取利的时代已基本结束。从供货商手里找钱是第二种方式，例如向供应商收上架费、咨询服务费甚至条码费等，则是目前大多数中国超市所采用的办法。因为不断增多的亮点销售（超低价）与价格战使进销差价越来越小，沃尔玛则一直钟情于第三种。

它花费4亿美元从休斯公司购买了商业卫星，实现全球联网。现在，沃尔玛每一间连锁店都能通过卫星传送信息，每一辆运货车上都配备全球定位系统。通过卫星和电脑互联，公司总部可以随时清点任一家连锁店内库存、销售和上架的情况，并通知货车司机最新的路况信息，调整车辆送货的最佳线路。这样，沃尔玛最大限度地发挥了公司的运输潜能、提高工作效率。据调查，沃尔玛的库存流量速度是美国零售业平均速度的两倍。通过降低成本，沃尔玛超市所售货物在价格上占有绝对优势，从而成为消费者的最佳选择。

---

① 刘玲，刘俊，李强，等．沃尔玛的采购策略 [EB/OL]．百度文库．

4. "在其他的地方买不到"。直接向供货商提出生产要求，并给产品冠以沃尔玛的品牌，而且仅在沃尔玛连锁店内进行销售也是沃尔玛的特色之一。目前，沃尔玛店内的自有品牌占到总商品 20% ~25%。

2001 年 12 月，沃尔玛全球采购中心落户深圳。将以此为基地，再向世界延伸 20 个采购据点。在一两年内，沃尔玛集团将停止采购外包，并将年销售额 1900 亿美元的商品全部交给深圳设立的全球采购中心及其所属的采购网络负责完成。

5. 对供应商的选择：

最看重：质量和价格。

其他：不允许雇用童工、使用强制劳动力、体罚殴打员工；供应商不能向采购人员提供免费商品、运动和娱乐券等形式的礼品或馈赠，"哪怕是送一支笔，请喝杯茶，一旦查实，供应商就将可能失去与沃尔玛合作的机会。"

新闻：沃尔玛残酷廉价——100 美元衬衫出厂价不到 1 美元

在洪都拉斯，这种低价压力已经将经理们推到了崩溃的边缘。工人上一只袖子 15 秒，一小时才挣几美分。为了降低成本，洪都拉斯的工厂都在想方设法提高效率，用得最多的办法是裁员。目前全国的生产量与 3 年前一样，但工人的数量减少了 20%。

B. 7　企业其他服务采购

B. 7. 1　采购办法选用原则

企业其他服务采购的种类繁杂。其中服务类采购的共同特点是，对服务人员能力素质、服务质量的评价是采购人关注的重点。采用和供应商讨论、对话和谈判的方法（如竞争谈判、竞争磋商）是企业其他服务类采购的常用方法。

其中，标准类采购频次高的采购宜通过在电子商城直接采购或通过定点协作等办法采购。

【释义】

本条是企业运营采购的兜底条款。企业其他服务的采购种类繁多。

在服务过程方面，通过"资本密集或技术复杂程度"与"服务标准化程度"两个维度构成的矩阵描述了服务项目的特点。在这个矩阵中，一方面，垂直维度是"资本密集程度或技术复杂程度"，即资本或技术与劳动力相互之间的比例。资本密集程度或技术复杂程度越高，说明生产者在资产与硬件设备、软件服务等方面投入更多，也可以说明该服务的单价成本越高；反之则该服务单价成本越低。另一方面，"服务标准化程度"作为水平维度。顾名思义，标准化越高的服务，规范性越强，人为主观的操作与个性化程度也就随之降低。

在服务产品方面，按照服务产品的最终对象以及服务产品的有形程度，从"对人或对物""有形或无形"两个维度，构建另一个服务产品矩阵。在这个矩阵中，最终对象分为人的有形服务和无形服务。有形直接作用于消费者的人身或人体的服务；无形直接作用于消费者的精神与心理层面的服务；最终对象是"物"的有形服务和无形服务。有形直接对象为消费者的物品或其他实体财产的服务，无形对象为消费者的各种无形资产或权利的服务。

B.7.2　采购内容

采购内容包括：

a）企业融资、商业担保、产品商业保险等综合服务采购；

b）宣传广告、形象设计等专业服务采购；

c）各种软件数据等信息服务采购；

d）企业管理需要采购的各类办公用品等物品采购；

e）其他采购。

【释义】

本标准例示了五种常见服务项目。其中：

a项属于最终对象为"物"的无形服务。由于作用对象不是消费者自身，消费者在整个服务过程中只能向服务商提出结果要求，服务的质量一般只能在产生服务效果之后才能体现。很多时候采购人会因缺乏相关知识背景、难以有效定义自身需求与服务质量评价指标而感到无所适从。

b 项、c 项属于针对"物"的有形服务。其中的"物"可能是一个创意、一个软件等。

该类最终对象为物的有形服务，由于作用对象不是消费者本人，采购人在服务流程中可以提出服务目标、效果的要求意见，和"无形服务"相比，有一定的直观性。但这类服务毕竟专业性较强，消费者在选购时可通过各种有形的服务载体与服务设施，逐渐熟悉这类服务的特性；通过严格的合同条款设置，要求服务提供者适时提供各种有形、可辨识的阶段性成果等，尽可能规避可能出现的风险，保障自身权益不受损害。

d 项是低值易耗品的货物采购。

e 项的其他服务属于兜底条款，如教育培训、体检医院选择等以"人"为对象的"无形服务"，其风险相对较大。需要采购人广泛做好市场调研，或者试看、体验等，其采购方式一般通过竞争谈判解决。

B.7.3　采购方式

在本标准规定的所有方式中选择其一。

【释义】

鉴于 B.7.1 条款所示的原因，企业的其他服务采购应分门别类选用适当的采购方式。

例如，针对标准类采购频次高的，可采用定点采购包括"定点加油""定点印刷""定点保险""定点维修""定点饭店""定点购票"等，定点服务的采购组织形式是框架协议，也可在网上商城比价采购。在满足企业需求的前提下，主要是为了节约采购资金并预防腐败。

参考文献

［1］中华人民共和国招标投标法. 中华人民共和国主席令第 21 号（1999 年 8 月 30 日）

［2］中华人民共和国政府采购法. 中华人民共和国主席令第 68 号（2002 年 6 月 29 日）

［3］中华人民共和国电子招标投标办法. 中华人民共和国国家发展和改革委员会令第 20 号（2013 年 2 月 4 日）

［4］中华人民共和国企业国有资产法. 中华人民共和国主席令第 5 号（2008 年 10 月 28 日）

［5］中华人民共和国招标投标法实施条例. 中华人民共和国国务院令第 613 号（2011 年 11 月 30 日）

［6］中华人民共和国政府采购法实施条例. 中华人民共和国国务院令第 658 号（2015 年 1 月 30 日）

［7］必须招标的工程项目规定. 中华人民共和国国家发展和改革委员会令第 16 号（2018 年 3 月 27 日）

［8］国有金融企业集中采购管理暂行规定. 财政部财金〔2018〕9 号（2018 年 2 月 5 日）

［9］ZBTB/T 01—2018 非招标方式采购代理服务规范

［10］联合国国际贸易法委员会公共采购示范法联合国文件 A/66/17 附件一（2010 年 4 月 16 日）

第三篇

《国有企业采购操作规范》
参考资料

资料 A　卡拉杰克模型应用指南

A.1　总则

A.1.1　定义

又称卡拉杰克矩阵，是企业采购与供应组合分析的工具。

A.1.2　模型内容

模型内容如图 A－1 所示，其纵坐标为收益影响（Profit Impact），横坐标为供应风险（Supply Risk）。

收益影响：采购项目在产品增值、原材料总成本比及产品收益等方面的战略影响。

供应风险：供应市场的复杂性、技术创新以及原材料更替的步伐、市场进入的门槛、物流成本及复杂性，以及供给垄断或短缺等市场条件。

据此，卡拉杰克模型将采购项目分为四个类别：杠杆项目、战略项目、非关键项目和瓶颈项目，如图 A－1 所示。

A.1.3　卡拉杰克模型的分组

A.1.3.1　杠杆项目

该类项目一般标准化程度高，互换程度高，采购风险不大；但是这类物资占最终产品总成本的比重较大，即对企业收益影响较大。常见的采购物资有基本的原材料、制成品、标准模块、紧固件和涂料等。

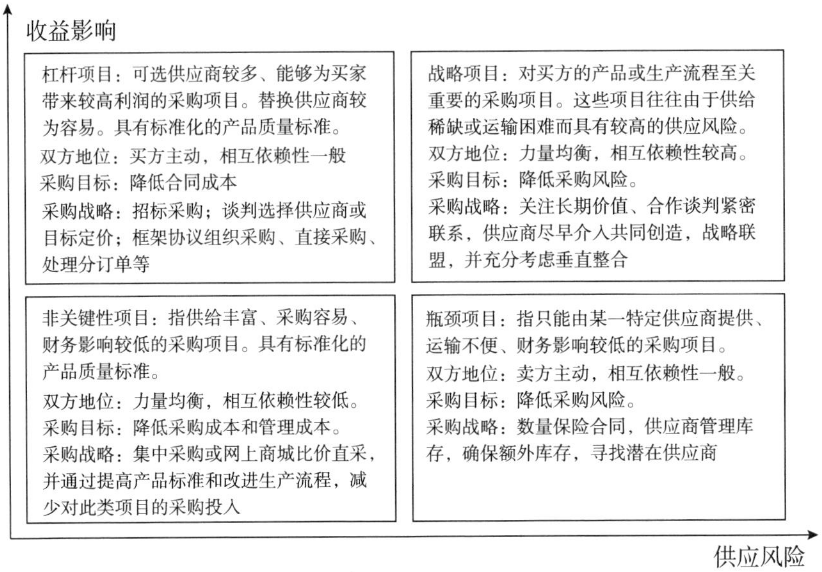

收益影响

杠杆项目：可选供应商较多、能够为买家带来较高利润的采购项目。替换供应商较为容易。具有标准化的产品质量标准。 双方地位：买方主动，相互依赖性一般 采购目标：降低合同成本 采购战略：招标采购；谈判选择供应商或目标定价；框架协议组织采购、直接采购、处理分订单等	战略项目：对买方的产品或生产流程至关重要的采购项目。这些项目往往由于供给稀缺或运输困难而具有较高的供应风险。 双方地位：力量均衡，相互依赖性较高。 采购目标：降低采购风险。 采购战略：关注长期价值、合作谈判紧密联系，供应商尽早介入共同创造，战略联盟，并充分考虑垂直整合
非关键性项目：指供给丰富、采购容易、财务影响较低的采购项目。具有标准化的产品质量标准。 双方地位：力量均衡，相互依赖性较低。 采购目标：降低采购成本和管理成本。 采购战略：集中采购或网上商城比价直采，并通过提高产品标准和改进生产流程，减少对此类项目的采购投入	瓶颈项目：指只能由某一特定供应商提供、运输不便、财务影响较低的采购项目。 双方地位：卖方主动，相互依赖性一般。 采购目标：降低采购风险。 采购战略：数量保险合同，供应商管理库存，确保额外库存，寻找潜在供应商

供应风险

图 A-1　卡拉杰克矩阵示意

在杠杆物资的采购中，企业处于优势地位。可以通过招标、目标定价和短期合作等方法扩大采购范围实现采购收益的最大化。

该类采购的主要目标是降低企业合同成本。

A.1.3.2　战略项目

这类项目往往价值高、产品质量要求高，又由于供给稀缺或运输困难而具有较高的供应风险。常见的采购项目如汽车的发动机、显像管、计算机的CPU（中央处理器）等。

战略物资采购成本节约对企业利润的影响很大。战略物资的质量和性能直接关系到企业最终产品的质量和性能。因此，企业战略采购应当通过谈判的方式和供应商签订长期合作合同，甚至结成战略联盟；包括建立垂直整合体制，以保障采购的安全性和高品质。

该类采购的主要目标是降低采购风险。

A.1.3.3　非关键性项目

这类项目具有标准化的产品质量标准。常见的采购项目如办公用品、低值易耗品。

非关键性物资的价值通常很低并且有大量可供选择的供应商。为了增强采购能力、降低采购成本，可以对非关键性物资的需求汇总后通过招标进行集中采购。如果有必要，还应该通过企业电子交易平台对采购物资进行标准化处理。集中采购有困难时，可以采取单独订购的策略，如使用采购卡采购，以减少采购流程中的间接费用，提高采购效率。还可以采取建立采购联盟的策略，或通过电子商城的平台组成泛联合同盟，实现采购目标。

该类采购的主要目标是在降低采购成本的同时降低企业管理成本。

A.1.3.4　瓶颈项目

该类项目收益影响不大，但存在巨大采购风险。一旦不能及时供应会对企业造成重大损失。常见采购项目如特定电子芯片、食品添加剂、汽车的某种专用零配件等。

瓶颈物资是企业采购管理中处于最不利地位的物资，应采取相应的采购措施，使瓶颈物资向其他物资跃迁。如在条件允许的情况下，尽量减少需要该类物资产品的生产；研制开发新的配方，用易于采购的物资代替该类物资等。瓶颈项目采购方式主要是谈判采购、直接采购。

该类采购的主要目标是降低采购风险。

A.1.4　卡拉杰克模型的分组因素

A.1.4.1　采购收益因素集

a）采购收益因素 $Up = (Up_1, Up_2, Up_3) = \{$生产属性，采购属性，库存属性$\}$；

b）生产属性 $Up_1 = \{$战略相关性，生产工艺，质量影响，产量影响，需求数量及频率，安全性，环境影响$\}$；

c）采购属性 $Up_2 = \{$单项采购成本占采购总成本百分比，单项采购成本占企业总成本百分比$\}$；

d）库存属性 $Up_3 = \{$价格，保管和库位成本，风险成本$\}$。

A.1.4.2　供应风险因素集

供应风险因素 $Us = \{$稀缺程度，供应敏捷性，质量稳定性，价格稳定性$\}$。

A.2 卡拉杰克模型分组的注意事项

卡拉杰克模型的分组由专家依据"因素集"形成的矩阵计算，或专家头脑风暴法评议。需注意以下事项。

A.2.1 采购频率和数量

采购频率和采购数量对采购策略的确定有着重要影响。关于重复性采购，一般采用框架协议的模式，但框架协议模式对于频率较低的采购可能不适用。采购频率高的可以与某些固定的供应商建立长期的合作关系，以减少采购启动费用；大批量采购可以形成规模效益，通过集中采购，降低合同成本。

A.2.2 对生产的重要程度

有些物资虽然本身的采购价格不高，但却对于生产具有相当重要的作用，这些物资的采购应当具有相对的稳定性，这对供需双方都是重要的。

对最终产品的质量起着关键性作用的物资；

在生产过程中产生很大的增值效应，具有很高的战略重要性的物资；

可能影响着人员安全、环境污染的物资。

这些物资应采取相应的采购策略，不能频繁采用招标方式，应当通过招标采购或谈判采购形成框架协议，以保持较长时间合同的稳定，保证供应链核心产品的质量稳定性。

A.2.3 库存性质不同

某些物资经过一定时间的储存，容易发生变质、老化等情况，还可能由于技术的进步（改变配方等）被淘汰，库存风险及成本较大。可以采取适当的采购策略，如采取寄售的方式转移库存风险，降低库存成本。

资料 B 服务过程和服务产品的分类 及其采购原则^①

B.1 服务过程矩阵

在"服务过程"方面，美国学者 Roger W. Schmenner 在其著作《服务运作管理》中的观点是，用"资本密集程度"与"服务标准化程度"两个维度，设计了一个服务过程分类矩阵。

在这个矩阵中，垂直维度为"资本密集程度"，即资本与劳动力相互之间的比例。一方面，资本密集程度越高，说明生产者在资产与硬件设备方面投入更多，也可以说明该服务的单价成本越高；反之则该服务单价成本越低。另一方面，"服务标准化程度"作为水平维度。顾名思义，标准化越高的服务，规范性越强，人为主观的操作与个性化程度也就随之降低。

随着社会发展和技术进步，技术对于服务的成本影响也越来越大，因此，纵坐标可以修正为"资本密集程度或技术复杂程度"^②。

B.1.1 矩阵内容

该矩阵示意图如图 B-1 所示。

---

① 本文主要篇幅和观点引自《政府采购服务法律制度分析研究报告》（2014），国际关系学院公共市场与政府采购研究所编写，本书作者依据企业采购特点做了归纳和补充。

② 纵坐标为"资本密集程度或技术复杂程度"是本书作者对该矩阵的修正。

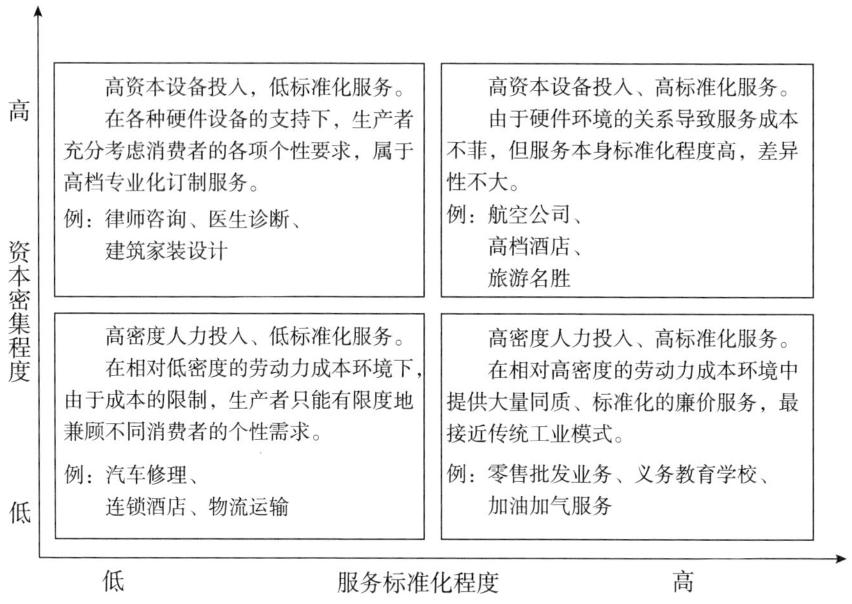

图 B-1　服务过程矩阵

B.1.2　矩阵解析

Roger W. Schmenner 认为：

a）资本密集度高、服务标准化低的专业订制服务复杂程度最高，单价成本也最高，单项服务之间差异巨大。拥有不同硬件设施条件与专业技术水平的生产者提供的服务，在质量与费用方面很有可能会有天壤之别。

b）资本密集度低、服务标准化高的廉价量贩式服务，相较其他服务种类而言难度最低，而且成本低廉。在选购这类服务时，很多时候消费者更关心提供服务的场所，以及生产者的诚恳热心态度。

c）资本密集度高、服务标准化也高的标准化高档消费服务，由于不同生产者提供的同类服务之间差异性与个性化程度不强，服务的价格、生产者的资质信誉等硬性指标的重要性就凸显出来了。

d）资本密集度低但服务标准化也低的低端个性化服务，由于成本的限制，导致服务生产者必须考虑服务的连贯性与完整性，难以顾及消费者的各项细节需求。但作为消费者，在选购这类服务时可以对比多家生产者提供的不同服务方案，并择优选购。

B.2　服务产品矩阵

在服务产品方面，对此课题组借鉴美国学者 James A. Fitzsimmons 在其著作《服务管理——运作、战略与信息技术》中的见解，按照服务产品的最终对象以及服务产品的有形程度，从"对人或对物""有形或无形"两个维度，构建另一个服务产品矩阵，如图 B-2 所示。

B.2.1　矩阵内容

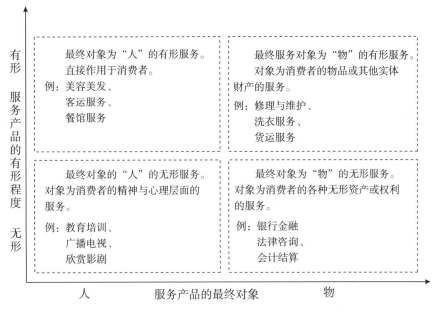

图 B-2　服务产品矩阵

B.2.2　矩阵解析

James A. Fitzsimmons 认为：

a）针对消费者人体的有形服务，由于是直接作用于消费者自身，且属于有形载体较多、"实体化"程度较高的有形服务，消费者对这类服务的关注和参与程度是最高的；与此同时，由于这类服务是有形、可触的，具备大量实体化载体与硬件设施，在理解与把控方面难度也较低。

b）最终对象为物的无形服务，与前面的服务类型形成鲜明对比。由于作用对象不是消费者自身，消费者在整个服务中的参与会受到限制，无法对服务的生产进度实施全程跟踪与监控；再加上这类服务还属于无形程度较高、可触性较低的无形类服务，很多时候消费者会因缺乏相关知识背景、难以有效界定自身需求与服务质量评价指标而感到无所适从。

c）最终对象为物的有形服务，由于作用对象不是消费者本人，消费者难以对服务流程进行全程监控，可能会出现一些陌生感与风险担忧；但这类服务毕竟可触性较强，消费者在选购时可通过各种有形的服务载体与服务设施，逐渐熟悉这类服务的特性；并通过严格的合同条款设置、要求生产者适时提供各种有形、可辨识的阶段性成果等，尽可能规避可能出现的风险，保障自身权益不受损害。

d）最终对象为人的无形服务，虽然作用对象是消费者自身，消费者在服务中的参与性较强，但由于这类服务是无形的，如何向服务生产者准确描述自己的服务需求，并将各种主观感受转化为可量化的需求条件与评价指标是难点所在。

B. 3　决定服务特性的四个分类维度

以上两个服务矩阵的设置与描述，是为了更加清楚直观地展示服务的基本分类过程。实际上，绝大部分服务的生产与消费是同步发生的，体现服务价值与效用的既有服务流程，也包括服务产品与对象。在具体研究某一类特定服务时，需同时运用两个矩阵中涉及的四个分类维度，才能比较全面、完整地对该服务进行分类与界定。

B. 3. 1　服务的资本密集和技术复杂程度

该维度反映提供服务的生产者预先投入的资本（包括技术）与劳动力之间的比例。资本密集（包括技术）程度越高，说明生产者在资产与硬件设备和软件服务方面投入越多，也可以说明该服务的单价成本越高。越是昂贵的服务，服务产品的质量与服务生产者自身的能力水平、资质信誉等硬性指标与"品牌效应"在采购过程中的重要性也越高。

B.3.2　服务的标准定制化程度

该维度反映服务本身的标准化程度。标准化程度越高的服务，主观订制性与消费者个性化程度越低，不同生产者提供的服务产品之间的差异性越小，与传统工业商品的相似程度也越高，在采购过程中的难度也较低；而对标准订制程度较低的服务类型而言，由于服务的个性化较强，在采购过程中需要消费者根据自身需求情况，与生产者之间保持密切的沟通联系，并时刻向生产者提供反馈信息。

B.3.3　服务产品的最终对象

该维度反映服务的对象是人还是物。一般而言，越是针对消费者个人的服务，需要消费者参与服务过程的程度越高。尤其是针对人的基本需求的一些服务，如美容美发、吃饭用餐等服务，往往需要消费者全程参与。由于消费者与服务生产者共同完成服务过程，消费者对服务流程与质量的熟悉程度与控制力就很强；相比较之下，针对"物"的服务类型，需要消费者参与的程度就会低一些。服务针对的对象与消费者个人的关系越远，消费者在服务过程中的参与度也就越低，越难把控服务的进度与阶段性成果质量。

B.3.4　服务产品的有形程度

在之前对服务特征的介绍中可以看出，绝大多数服务都具备"有形性"与"无形性"两面。二者相互所占比例的不同，决定了服务的直观性与可触性方面的差异，也决定了该项服务在实施采购工作时的难易程度。一般来讲，有形性程度越高的服务，其实物部分所占比例越高，越易于消费者理解与评估服务产品质量；有形性程度越低的服务，精神层面与主观感受成分越高。如何将无形的主观感受转化为有形的量化指标，成为采购、评估无形服务产品的最大难点所在。

B.4 专业服务矩阵分析及其应用

B.4.1 服务矩阵因素

服务项目作为一个整体来看，与货物、工程项目相比具有更强的主观性、无形性、不确定性、非标准化等特点。

依照技术属性，企业服务采购可分为通用服务和专业服务两类。

通用类如公文印刷、物业管理、公车租赁、系统维护等采购金额相对不高，采购需求明确但项目简单，可采用询比、竞价或网上采购。

专业服务如物流、会展等服务、软件服务、律师、融资服务等较为复杂。对该类服务采购的原则是：

a）尽量减少对服务项目不必要的刚性限制，以采购人的价值导向为目标。

b）由于服务项目的生产消费同时进行的特点，加强合同履行的相关条约限制，保证采购人在合同履行阶段有合理调整合同的权利，保证企业能够及时合理地调整采购合同以满足采购人的价值目标。

B.4.2 服务项目采购特点

本书重点对该类服务进行矩阵分析，选择了物流管理和会展服务、数据和软件服务以及融资和律师服务代表的三类专业服务采购项目，从"劳动力或技术密集程度、标准化程度、产品对象、有形程度"四个指标，进行汇总分析。汇总结果如表 B-1 所示。

——物流管理、展会类服务项目

采购需求明确、有形程度高、具有竞争条件，可采用招标或谈判等方式采购，评审条件应当质量和成本并重。

——数据、软件类服务采购

该类服务既针对人也针对物，有些地方政府采购目录将软件采购列为货物采购，但说到底，软件还是服务采购。由于软件生命周期较短，升级换代很快，软件的伴随服务是采购人特别应当注意的问题。

表 B-1　　　　　　　　　　　矩阵因素汇总表①

	资本密集程度或技术复杂度	标准化程度	产品对象	有形程度
物流管理、展会服务	低	中	物	高
电子数据及相关软件采购	高	低	物、人	中
律师、融资服务咨询	高	低	人	低

软件采购除了服务产品标准化程度低、可量化程度低的共性问题外，还有以下特点影响采购人采购办法的使用。

a）软件成本属于认知成本，致使其价格难以估算；

b）软件价格都有一种逐渐趋向于零的趋势，致使其质量难以判断；

c）软件的使用具有路径依赖的属性，一旦采购失误更换成本高，所以对采购人采购的专业水平要求高。

因此，软件作为一种特殊的货物采购，在尽量扩大竞争范围的条件下应当采用通过讨论、对话和谈判的采购办法竞争采购，同时在缔约阶段一般应当进行样品的演示，在合同履行期间供应商应当对服务的生命周期做出全面清晰的承诺。

——法律、金融类等服务

针对类似于律师、金融服务等不确定性采购。此类采购又可以称为需求采购或者不确定性采购。以律师咨询为例，因为企业需要处理的案件可能是突发性、不可预知的，难以采用招标或竞争性谈判的采购方式选择供应商。可是此类服务又不同于软件采购，往往主观性较强，也不能通过竞价的方式进行选择。建议采取框架协议采购，即企业每年通过竞争谈判的采购方式选择固定几家律师事务所，分别针对不同类型的律师咨询服务，在签订不确定性采购合同时要说明最高限价（例如律师咨询每小时单价等），并向供应商说明可能订购的最大数量以及最小数量，从而方便供应商提交最优的报价。这种模式需要在前期做好遴选工作，确保各部门在不违反合约的前提下满足其内部需求。

---

① 引自《政府采购服务法律制度分析研究报告》（2014），国际关系学院公共市场与政府采购研究所，本书引用时依据企业采购的特点做了适当补充。

资料 C 联合国《贸易法委员会公共采购示范法》的采购方法和工具

C.1 联合国《贸易法委员会公共采购示范法》①

C.1.1 联合国国际贸易法委员会公共采购示范法的背景和目标

C.1.1.1 背景

《关于货物、施工及服务的采购的 UNCITRAL 示范法》是联合国国际贸易法律委员会（UNCITRAL）1994 年在其第 27 届年会上完成的。该示范法的目的是给那些希望遵循一个经济的、有效的采购体系所通常接受的最低标准和保障措施，力图将采购立法和国际接轨的国家提供指导。

UNCITRAL 是联合国大会的一个政府间机构，成立于 1967 年，中国是积极的参与者。示范法旨在促进国际贸易，帮助贸易正在受其影响的国家在制定和国际接轨的本国法律文件时具有 UNCITRAL 的授权。UNCITRAL 的法律文件具有典型的立法或"制定法律"的特性，即具有国际协定或条约的形式，或者供有关国家参照示范法制定本国法律。由于这些文件的制定旨在促进经济发展不同层次国家用户之间的商务交往，促进不同地区、处于不同法律体系中的用户之间的商务交往，所以 UNCITRAL 的法律文件是在政府代表和专家出席的政府间会议上一致通过的。该文件第 1 条规定了适用范围："本法适

---

① 联合国. 贸易法委员会公共采购示范法［EB/OL］. 百度文库。

用于采购实体进行的所有采购",但不适用于涉及国防或国家安全的采购以及颁布国列明排除在外的其他类型的采购。

由于示范法本身在某种程度上还具有国际法渊源中"一般法律原则"的性质,鉴于我国参加 GPA(《政府采购协定》)协议的前景,参照示范法制定符合我国国有企业采购的技术规范势在必行。

C.1.1.2 示范法的目标

示范法基于六项主要目标,这些目标载于示范法序言,都应是公共采购立法的依据。这些目标可以归纳如下。

a)节省费用,提高效率;

b)供应商和承包商广泛参与,作为一般原则,开放采购,允许国际参与;

c)实现最大程度竞争;

d)确保公平、平等、公正待遇;

e)保证采购过程的廉正、公平和公信度;

f)增进透明度。

C.1.2 示范法主要采购方法的分类和特点

政府采购涉及各级政府酌情作出的决策,这是采购性质使然。不仅如此,采购涉及重大国计民生项目,对经济运作和发展都会有重大影响。示范法中设计的各种采购方法力图实现公共采购物有所值的采购目标。

C.1.2.1 缺省方法

公开招标是公共采购中的缺省方法。即除非采购人认为出现有关规范所列、必须采用其他采购方法外,一般应采用的方式。

C.1.2.2 采购需求明确的采购方法

该方法包括:限制性招标、询价和不通过谈判征求意见书三种采购方式。

该组方式的特点是采购实体的需求一开始就能够确定并加以说明,不需要采购实体与供应商或承包商进行讨论、对话或谈判,即招标文件在投标截止后不能修改。按照以下情形将可以使用这些方法的具体情况归纳为三种方式。

第一种是限制性招标:有限市场上专业、复杂产品或服务的采购;

第二种是询价:市场已有供应的低价值产品或服务的采购,市场上可能已有众多供应商或承包商；

第三种是不通过谈判征求意见书：针对技术和质量因素特别重要的产品或服务的采购。

C.1.2.3　需要和供应商或承包商讨论对话和谈判的采购方法

该类采购方法包括：两阶段招标程序、通过对话征求建议书程序、通过顺序谈判征求建议书程序、竞争性谈判程序、单一来源采购程序5种采购方式。

这些方法在使用上并无一种固定的方式，但它们有一个共同的特点，即采购实体将与供应商或承包商进行讨论、对话或谈判。

就两阶段招标和通过对话征求建议书而言，表明可使用其中一种方法的主要情形有：首先，采购实体无法按照示范法的要求确切而详细地说明其采购需要；其次，采购实体认为有必要与供应商或承包商互动。

a）以细化其对自身需求的说明并在一份通用说明中陈述这些需要（两阶段招标），或

b）以明确说明其需求并邀请提交能满足这些需求的建议书（通过对话征求建议书）。这两种方法也可用于招标失败的情形。

就通过顺序谈判征求建议书而言，适用这种方法的情形有：采购实体只有在评估了建议书的技术、质量和性能特点之后才需就建议书的财务方面进行审议和谈判；谈判对象只能是提交了具有响应性的建议书的供应商或承包商。

竞争性谈判和单一来源采购是十分特殊的采购方法，不应被视为上述其他采购方法的替代办法。之所以和上述方法归类，主要是因为它们涉及采购实体与供应商或承包商之间的互动。

竞争性谈判主要用于紧急采购或极其紧急的采购，目的是保护国家的基本安全利益。

单一来源采购也可用于其他特殊情形，例如，只有独家供应商或承包商，或者需要与以前的采购保持一致，或实现国家社会政策目标所必需，或为国家利益保密所必需的采购等。

C.1.2.4　在线实时采购工具

联合国2011年发布的《联合国国际贸易法委员会公共采购示范法》作为国际社会关于政府采购的最新立法成果，相较于1994年的《联合国国际贸易

法委员会货物、工程和服务采购示范法》，其显著变化之一是增加了电子逆向拍卖制度的规定。电子逆向拍卖制度走入新示范法绝非偶然，是政府采购电子化不断发展以及相关国家、国际组织的立法、实践等促使贸易法委员会重视研究之结果。电子逆向拍卖主要是为了满足采购实体对标准化、简单和一般可购得标的的需要，在线实施的一种采购方法。该方式要求采购标的非常明确，绝大多数服务和工程的采购都不可能使用这一采购安排，除非这些服务和工程的十分简单而且实际上可以量化（例如简单的维护工程）。

C.1.2.5　针对重复采购的制度安排

联合国贸易法委员会对示范法的讨论中，框架协议是讨论的重点之一，示范法中的框架协议对完善我国相关制度具有重要参考价值。所谓框架协议程序是一种多项授予、不确定交付且不定量的合同。总体上看，示范法中的框架协议与我国的协议供货类似，因为框架协议程序可以显著降低采购成本；此外，框架协议程序也适用一些紧急采购、有利于中小供应商。该程序可以与示范法中的所有采购方法和安排结合，用于各种采购中，例如货物、工程或服务采购。

示范法针对采购实体在各种情况下进行的采购规定了必不可少的程序与原则。但是它毕竟是一项"框架"法律，其本身并未提供一个颁布国为执行这些程序而必需的全部细则和条例。

C.2　联合国《贸易法委员会公共采购示范法》规定的采购方法[①]

C.2.1　公开招标

C.2.1.1　概念用途

——概念

公开招标是采用公告的方式邀请不确定的潜在供应商进行竞争性采购的

---

① 本节正文中的仿宋体为示范法原文。

活动。

——用途

公开招标是各类采购活动的缺省办法。

C.2.1.2　适用条件

只要同时满足采购需求明确、具有竞争条件、时间允许、交易成本合理四项条件。

C.2.1.3　规则特点

——邀请供应商或承包商参与采购无任何限制；

——招标文件中有采购标的的周详说明和规格，使得供应商和承包商有共同的依据来编写投标书；

——向供应商或承包商充分公布评审和比较投标书以及选定中选投标书所使用的标准；

——严格禁止采购实体与供应商或承包商就投标书实质内容进行谈判；

——在投标截止时间当众开标；

——公布采购合同生效的必要手续；

——在必要情况下，供应商和承包商可通过示范法第八章中规定的质疑机制，要求遵守上述要求。

C.2.1.4　主要程序

a）发布招标公告。

公告内容包括采购人名称地址、项目内容、合同必要条款和要求；供应商或承包商资质条件、获取招标文件的办法以及递交投标文件的方式、地点和截止时间。

b）提供招标文件（收取工本费）。

招标文件的内容和我国招标投标法规定的内容基本相同。增加了编制说明、文字、货币以及供应商或承包商享有的撤回、澄清、质疑、投诉等权利的说明。

c）投标书的递交。

规定了投标书递交的时间、地点、截止时间以及密封要求。

d）投标有效期。

采购人在投标有效期期满可以要求投标人延长有效期，供应商或承包商有同意或拒绝的权利和相应义务。

e）开标。

按照招标文件列明的时间地点开标，招标人邀请所有投标人参加。开启投标文件唱标并做好记录。

f）投标书的审查和评审①。

该程序规定了细微偏差和重大偏差的条件和中标条件。

投标书即使稍有偏离但并未实质改变或背离招标文件列明的特点、条款、条件和其他要求的，或者投标书虽有差错或疏漏但可以纠正而不影响投标书实质内容的，采购实体仍然可以将其视作具响应性投标书。任何此种偏离应当尽可能量化，并在评审投标书时适当加以考虑。

中标条件是：

——价格是唯一授标标准的，应当是投标价格最低的投标书；

——价格标准结合其他标准授标的，应按照示范法第 11 条②列明的程序和标准确定最有利的投标书。

采购人在任何环节可以对其资格条件进行审查，对不合格的否决其投标。

g）采购人确定中标人。

采购实体应当根据招标文件列明的标准和程序对未被否决的投标书进行评审，以便确定中选投标书。

h）禁止与供应商或承包商谈判③。

C. 2. 1. 5　注意事项

我国招标投标法规定的招标程序参照示范法的程序规定。但是在程序上有以下重要区别：

---

① 示范法第四十三条。
② 第十一条指与采购标的相关的评审标准可以包括：（a）价格；（b）货物操作、保养和维修费用或工程费用；交付货物、完成工程或提供服务的时间；采购标的特点，如货物或工程的功能特点和标的的环境特点；采购标的的付款条件和保证条件；（c）涉及根据本法第四十七条、第四十九条和第五十条进行采购的，供应商或承包商以及参与提供采购标的人员的经验、可靠性、专业能力和管理能力。
③ 示范法第四十四条，指在招标程序中，中标后不允许再进行价格谈判。

——示范法明确规定对投标书审查和评审的主体是采购人，且在任何阶段都可以对其资格进行审查。

——示范法在开标程序后的环节是：投标书的审查和评审。审查和评审的主体是采购人，采购人在审查中可以对投标书的解释或订立合同与投标人讨论。评审中是否需要组建必要的咨询机构，或需要组建时专家的聘请方式等审查办法由采购人决定，示范法没有强制规定。评审办法由采购人在招标文件中约定。

——采购人依据招标文件规定的标准决定中标人。如采购人决定聘请咨询专家，采购人一般会尊重咨询专家的意见，但是专家的意见对采购人没有法律约束力。

——示范法规定采购实体不能和供应商或承包商就投标书进行谈判，是指不能进行价格谈判。因为此种谈判有可能导致利用某一个供应商或承包商递交的投标书对另一个供应商或承包商施压，迫使其降低价格或提出其他方面更有利的投标。许多供应商和承包商都避免参加采用此种安排的招标程序，即使参加，他们也会因预期有谈判过程而提高投标价格。禁止谈判并不包括采购实体与供应商或承包商为根据示范法第十六条，解释其投标书或者为订立采购合同而进行的讨论。

我国的招标投标法有类似规定：

招标投标法第四十三条规定："在确定中标人前，招标人不得与投标人就投标价格、投标方案等实质性内容进行谈判。"

招标投标法第四十六条规定："招标人和中标人不得再行订立背离合同实质性内容的其他协议。"

C.2.2 限制招标

C.2.2.1 概念用途

——概念

通过向特定的潜在投标人发出投标邀请书的招标方式。

鉴于我国招标投标法将招标分为公开招标和邀请招标两种，为使法律之间衔接、统一，可将这种方式视为邀请招标。

——用途

符合招标条件但由于特殊原因不能采取公开招标方式的采购。

C.2.2.2 适用条件①

a）采购项目复杂或具有特殊性，只能从有限范围的供应商采购；如核电设备。

b）采购项目的价值低，研究和评审投标文件所需时间长、费用高，采购人只能通过限制投标人数量来达到节省资金的目的。如供应体育赛事上出售的徽章或别针。

C.2.2.3 规则特点

这种方式适用于潜在供应商数量有限或者为了提高效率、降低成本的情况，是公开招标方式的变体，是针对不同的采购环境对公开招标的修改和补充。

除公告环节外和公开招标的规则相同。

a）主要程序。除了发布公告外和公开招标相同；

b）注意事项。限制性招标的使用仅限于真正的例外情形，同时保持适当竞争度。

C.2.3 询价

C.2.3.1 概念用途

——概念

针对标准产品或服务，通过询问价格确定合同相对人的采购方式。

——用途

询价程序提供了适合标准化项目（通常称为"现成项目"）低价值采购的采购方法。

C.2.3.2 适用条件②

所采购的现成货物或服务并非按采购实体特定说明专门生产或提供，并且已有固定市场的，采购实体可以根据本法规定的询价程序进行采购，但采

---

① 示范法第二章第二十九条第一款。

② 示范法第二章第二十九条第二款。

购合同的估计价值必须低于采购条例列明的最高限价。

C.2.3.3 规则特点

——供应商或承包商只能一次性报出不可更改的价格。

C.2.3.4 主要程序

a）符合询价的适用条件，采购实体询价采购。询价书应当告知每一个被询价的供应商或承包商是否需把采购标的本身费用之外的其他任何要素计入价格之内，例如，任何适用的运费、保险费、关税和其他税项。

b）只允许每一个供应商或承包商提出一个报价，不允许更改其报价。采购实体不得就供应商或承包商提出的报价与其进行谈判。

c）中选报价应当是可满足询价书中列明的采购实体需要的最低报价。

C.2.3.5 注意事项

询价采购不适用重复采购和技术条件复杂的项目，因为这样做有限制市场和舞弊的风险。

我国政府采购法规定的询价采购方式其标的只有货物，不包含服务。

C.2.4 不通过谈判征求建议书

C.2.4.1 概念用途

——概念

这种方法是采用一种顺序审查和评审程序，先审议建议书的技术、质量和性能特点。只有当这些特点完全响应了采购实体在采购程序开始时规定的最低限要求时，采购实体才会继续审议相关建议书的价格和财务方面的采购方法。

——用途

该方式主要解决对质量和技术为主要目标，且标准化程度较高的采购问题。也可用于一些既不复杂、价值也不高的界定明确的服务，如编写教材等适用该办法。也可用于涉及机密信息的采购。

C.2.4.2 适用条件①

该款规定可使用这种方法的情形是，采购实体"需要"单独审议建议书的

---

① 示范法第二章第二十九条第三款。

财务方面，而且只能在完成对建议书的技术、质量和性能特点的审查和评审之后进行审议，因此，使用条件是，对这种方法必须有客观和可证明的需要。

C.2.4.3 规则特点

——采购需求清晰，采购文件的技术、质量和功效特性指标明确。无须和供应商或承包商讨论、对话和细化补充；

——采购项目的首要目标是强调"标的"技术、质量和功效特性满足性。价格只能在此基础上适当竞争比选；

——在该方法中采购人不能就价格和供应商、承包商谈判。采购人依据采购文件设定的标准经过评审，把合同授予最符合标准要求的对象。

C.2.4.4 主要程序①

1. 采购实体征求建议书。

2. 邀请书的内容，其中包括建议书被认为具有响应性而必须在技术、质量和性能特点上达到的最低限要求。

3. 采购实体应当将征求建议书发给合格的供应商或承包商。

4. 征求建议书的内容规定。

5. 在装有建议书财务方面内容的信封拆封之前，采购实体应当按照建议征求书中列明的标准和程序，审查和评审建议书的技术特点、质量特点和性能特点。

6. 建议书技术特点、质量特点和性能特点的审查和评审结果应当立即载入采购程序记录。

7. 建议书的技术特点、质量特点和性能特点未达到有关的最低限要求的，该建议书应当视为不具响应性，并应当以此为由被否决。否决和否决理由通知书，连同装有建议书财务方面内容的未拆封信封，应当迅速分送建议书被否决的每一个供应商或承包商。

8. 建议书的技术特点、质量特点和性能特点达到或超过有关的最低限要求的，该建议书应当视为具响应性。采购实体应当迅速向递交了此种建议书的供应商或承包商告知其各自建议书技术特点、质量特点和性能特点的得分。

---

① 示范法第四章第四十七条。

采购实体应当邀请所有此种供应商或承包商参加装有其建议书财务方面内容的信封的拆封。

9. 在供应商或承包商根据本条第 8 款应邀参加装有建议书财务方面内容的信封拆封时，应当当众宣读每项具响应性建议书的技术特点、质量特点和性能特点的得分及其相应的财务方面内容。

10. 采购实体应当比较具响应性建议书的财务方面内容，并以此为基础按照建议征求书中列明的标准和程序确定中选建议书。中选建议书应当是下述两个方面综合评审结果最佳的建议书：a）建议征求书所列非价格标准；b）价格。

C.2.4.5　注意事项

不通过谈判征求建议书不适合价格是唯一授标标准或主要授标标准之一的采购。

C.2.5　两阶段招标

我国政府采购法规定的采购方式以公开招标为主，以邀请招标以及其他采购方式为辅。目前招标投标法只规定了公开招标和邀请招标的方式，不能完全解决招投标实践中需求难确定的问题，虽然实施条例规定了两阶段采购方式，但没有相应程序规定。所以应当以示范法为模板，对两阶段招标的法律地位和内容予以完善，以适应采购实践的发展需求。

C.2.5.1　概念用途

——概念

两阶段招标指鉴于采购人对采购需求只能提出功能性指标或相对宽泛的技术规格，需要和供应商或承包商讨论细化完善的采购方法。分为两阶段。

第一阶段采购人发出招标文件后与供应商或承包商讨论和对话，对招标文件的技术规格细化补充完善，产生满足采购人需要的最佳招标文件；第二阶段通过招标程序邀请参加对话的供应商或承包商参加投标并最终确定中标人。

——用途

两阶段招标的主要目的是使采购标的的规格更加精确，缩小可选方法范围后只提出一种最符合采购实体需要的方法，并在此基础上最终确定一套采购条款和条件。

适宜使用两阶段招标的情形包括：大型复杂设施或专业性工程采购，技术复杂项目的采购、机械设备供应和安装，如公路修建和专业车辆采购；大型客机、通信系统、技术设备和基础设施的采购。[①] 在上述采购中，如果采购实体一开始不研究市场能供应什么，便拟订完整的采购说明，列出标的的所有技术规格、质量要求和性能特征、供应商或承包商的相关资质，以及采购的所有条款和条件，这样显然不太可能获得最佳资金效益。

因此，采购实体与供应商或承包商讨论后，关于市场现有的更先进材料或方法的信息将细化"标的"的某些技术方面内容，有利于采购人获得更佳经济效益。

C.2.5.2 适用条件[②]

有下列情形之一的，采购实体可以根据本法规定的程序进行采购：

（a）采购实体经评价认定，为了使采购实体的采购需要达致最满意的解决，需要与供应商或承包商进行讨论，细化采购标的说明的各个方面，并按照本法第 10 条[③]要求的详细程度拟订采购标的说明；或者

（b）进行了公开招标而无人投标，或者采购实体在接受中选提交书前任何时候取消了采购，并且根据采购实体的判断，进行新的公开招标程序或者使用本法第四章采购方法[④]将不可能产生采购合同。

该办法用于采购人需要和供应商或承包商讨论，补充细化完善采购条件的较为复杂的货物或服务项目。

C.2.5.3 规则特点

两阶段招标的第一阶段。

招标人负责和供应商或承包商针对招标文件的功能需求或最低技术要求进行讨论，所谓讨论就是对使采购标的的规格更加精确，缩小可选方法范围后只提出一种最符合采购实体需要的方法，并在此基础上最终确定一套采购

---

① 示范法指南 B 关于第五章采购方法的一般说明和主要政策第二条。
② 示范法第二章第三十条第一款。
③ 示范法第十条规定了采购标的的说明以及采购合同或框架协议条款和条件的规则。
④ 第四章的采购方式指：限制性招标、询价和不通过谈判征求意见书程序。

条款和条件。

两阶段招标的第二阶段，将修订后的采购条款和条件向提交投标书的供应商或承包商公布，投标人据此提交最后投标书（其中包括价格承诺）。

这样，在整个程序中，负责技术解决方案设计、确定工作范围并规定采购条款和条件的是采购实体。

在此之后，由获得采购合同的供应商或承包商负责执行这一设计并履行条款和条件。

应当指出的是，招标文件中对需要的初步说明很可能侧重于拟采购"标的"的功能方面，因此，第二阶段应细化技术方面并将其列入最后招标文件。

成功使用这种方法的前提是，参加者积极提出的技术解决方案，采购实体有能力能将其综合，最后拟就关于采购需要以及其他采购条款和条件的说明。提及进行的"讨论"，反映的是整个过程的互动性。

C.2.5.4　主要程序①

1. 符合招标条件和程序的采购，应当适用于两阶段招标程序。

2. 招标文件应当邀请供应商或承包商在两阶段招标程序的第一阶段递交初步投标书，在其中载明不包括投标价格的建议。招标文件可以征求关于采购标的技术特点、质量特点或性能特点的建议以及关于供应的合同条款和条件的建议，相关的，还可要求提供供应商或承包商的专业和技术能力及资质。

3. 供应商或承包商的初步投标书未根据本法规定被否决的，采购实体可以在第一阶段就其初步投标书的任何方面与其进行讨论。采购实体与任何供应商或承包商进行讨论时，应当给予所有供应商或承包商平等参加讨论的机会。

4. （a）在两阶段招标程序的第二阶段，采购实体应当邀请初步投标书未在第一阶段被否决的所有供应商或承包商根据一套经修订的采购条款和条件递交列明价格的最后投标书；

（b）在修订有关的采购条款和条件时，采购实体不得修改采购标的，但可以用下述方式细化采购标的说明的各个方面：

（i）删除或修改最初提供的关于采购标的技术特点、质量特点或性能特

---

① 示范法第三章第四十八条。

点的任何方面，并增列符合本法要求的任何新特点；

（ⅱ）删除或修改最初提供的关于投标书审查或评审的任何标准，并增列符合本法要求的任何新标准，但此种删除、修改或增列只能是由于对采购标的技术特点、质量特点或性能特点作出改动所必需的；

（c）应当在递交最后投标书的邀请书中告知供应商或承包商根据本款（b）项作出的任何删除、修改或增列；

（d）供应商或承包商无意递交最后投标书的，可以退出招标程序而不丧失该供应商或承包商原先可能被要求提供的任何投标担保；

（e）应当对最后投标书进行评审，以确定本法第43条第3款（b）项所界定的中选投标书。

C.2.5.5　注意事项

两阶段招标方式是一种比较特殊的招标方式。在实施条例颁布后，两阶段招标方式被正式认可。针对一些复杂的招标项目，该方法可以发挥其独特的优势，帮助采购人选择到最合适的方案。故而示范法对我国的招投标制度同样有示范意义。

第一阶段不允许采购人要求参加的供应商或承包商就各自提出的解决方案做出价格承诺；采购人不得在讨论期间要求出价人提供价格信息。

采购人与供应商或承包商除了采购标的外，可以增删修改采购标的技术特点、质量特点或性能特点的任何方面，以及投标书相应的审查或评审标准，最终并形成一份统一的采购需求以及其他采购条款和条件的通用说明，讨论结束后即予公布。

在这一方法中，采购人应具有综合最终采购方案的能力，但又要求通过制度避免其权利滥用，防止其偏袒的供应商或承包商提供的技术解决方案确定为首先方案。通过公示制度监督是其中的一个办法。

C.2.6　通过对话征求建议书

C.2.6.1　概念用途

——概念

采购人和供应商或承包商通过对话方式，围绕确定的标准提出方案建议，所谓对话就是采购文件的标的和技术要求不能变更，供应商或承包商可提出实现目标要求的不同路径方案。采购人依照招标文件规定的标准对其进行评审，以确定依评审标准选定的中选投标书的采购方法。

——用途

通过对话征求建议书是为采购比较复杂的货物和服务而设计的程序。这一采购方法通常用于以寻求对技术问题（如节约能源、实现可持续采购或基础设施需要）的创新解决方案为目的而进行的采购。这种情况下会有不同技术解决方案：材料多种多样，还可能包括使用一种能源代替另一种能源（在风能燃料、太阳能燃料、化石燃料之间进行选择）。

C.2.6.2　适用条件①

有下列情形之一的，采购实体可以根据本法有关程序规定使用通过对话征求建议书的方式进行采购：

——采购实体根据本法第10条②拟订采购标的详细说明不可行，而且采购实体经评价认定需要与供应商或承包商对话才能使其采购需要达致最满意的解决；

——采购实体寻求为科研、实验、研究或开发目的订立一项合同，但合同所涉货品产量足以确立该货品的商业可行性或足以收回研发费用的除外；

——采购实体认定，所选择的方法是最适合保护国家基本安全利益的采购方法；或者

——进行了公开招标而无人投标，或者采购实体根据本法第19条第1款③取消了采购，并且根据采购实体的判断，进行新的公开招标程序或者使用本法第四章采购方法不可能产生采购合同。

通过对话征求建议书已证明颇有成效的情形包括基础设施项目（例如，提供工程技术方法和范围不同的设施，涉及不同的商业问题），以及市场正在迅速扩大的某种高技术的采购。在这一方法中，要求采购人有能力进行所设

---

① 示范法第二章第三十条第二款。
② 示范法第十条规定了采购标的的说明以及采购合同或框架协议条款和条件的规则。
③ 该条规定采购人可以在接受中选提交书前任何时候取消采购；在确定成交候选人后，其不与采购人签订合同、或不交履约保证金可取消其中标资格，依次递补或者重新招标。

想的那类对话，特别是在展示和说明需求方面以及审查和评审不同技术解决方案方面，还要求在制度上避免滋生舞弊，不会因偏袒某些供应商或承包商而在对话期间向每个供应商或承包商提供不同信息。

C.2.6.3　规则特点

通过对话征求建议书在程序上与两阶段招标相似，但有几个显著的特点。

——这种方法允许采购实体与潜在供应商或承包商也是在透明、有序的框架内对采购实体需要的技术、质量和性能特点以及财务方面进行对话协商。

——这一过程产生可满足采购实体需要的最佳和最终报盘的建议书，但是，除提出最低限技术要求之外，不产生单一套通用技术规格。

——最佳和最终报盘可能会面对采购实体的需要提出多样技术解决方案；在这一点上，技术解决方案是由供应商和承包商负责设计的。采购实体对这些解决方案进行评审，以确定是否满足其需要；在既竞争又平等的基础上进行评审，这种程序比两阶段招标程序更为复杂。

C.2.6.4　主要程序

C.2.6.4.1

通过四种方式确定并邀请符合条件的供应商或承包商。

——发出通过对话征求建议书公告，通过公开招标的方式选择供应商或承包商；

——发出通过对话征求建议邀请书，通过邀请招标的方式选择供应商或承包商；

——采购人为限制向其征求建议书的供应商或承包商的数目而进行预选程序；

——通过有限数量制的资格预审确定邀请一定数量的供应商或承包商。

C.2.6.4.2

将征求建议书发给下列供应商或承包商。

——根据公告邀请书中列明的程序和要求对邀请书做出答复的每一个供应商或承包商；

——使用邀请招标办法的，采购人所选出的每一个供应商或承包商；

——进行了预选程序的，根据预选文件列明的程序和要求通过了预选的每一个供应商或承包商；

——有资格预审的，通过了资格预审的每一个供应商或承包商。

上述供应商或承包商均须支付可能对征求建议书收取的费用。

C.2.6.4.3

采购人应当根据所确定的最低限要求，审查所有收到的建议书；

凡是未达到这些最低限要求的建议书，均应以其不具响应性加以否决；

对被邀请参加对话的供应商或承包商规定了最高限数，而具响应性建议书的数量超过该最高限数的，采购人应当按照征求建议书列明的标准和程序选择最高限数的具有响应性建议书；（如采用随机抽取的方法）

否决和否决理由通知书应当迅速分送建议书被否决的每一个供应商或承包商。

C.2.6.4.4

凡是递交了具响应性建议书的供应商或承包商，采购人均应在所适用的任何最高限数之内邀请其参加对话；

采购实体应当确保被邀请参加对话的供应商或承包商的数目足以确保有效竞争，如有可能至少应为三个。

C.2.6.4.5

采购人应当分派若干位相同代表在同一时间进行对话。

——考虑到预防腐败的要求，此规定不应理解为采购人的不同代表分别在同一时间对话，而是采购人团队在规定时间段内逐一同供应商或承包商对话；

——对话不能增删修改征求建议书的实质性内容、评审标准和合同条款；

——对所有供应商或承包商给予平等待遇；

——采购人向某一供应商或承包商发送的对话期间产生的任何要求、准则、文件、澄清或其他信息，应当在平等基础上同时发送给其他所有参加对话的供应商或承包商，除非保密需要。

C.2.6.4.6

最佳和最终报盘。

对话之后，采购人应当请所有仍在程序中的供应商或承包商就其建议书的所有方面提出最佳和最终报盘。① 该请求应当采用书面形式，并应当具体说明提出最佳和最终报盘的方式、地点和截止时间。

C.2.6.4.7

采购实体不得就供应商或承包商提出的最佳和最终报盘与其进行谈判。

C.2.6.4.8

中选报盘。中选报盘应当是按照征求建议书列明的建议书评审标准和程序确定的最符合采购实体需要的报盘。

C.2.6.5　**注意事项**

——采购人应当明确采购的功能要求。

在实务中，采购实体必须能够在采购开始时在功能（或性能、产出）要求层面上说明其大致需要即对最低限要求做出规定。

——采购实体将价格作为对话的一个方面。

虽然对话的主要侧重点可能一般都放在技术、质量和性能方面或者放在法律问题或其他支助性问题上，但采购标的和市场条件可能允许、甚至鼓励采购实体将价格作为对话的一个方面。另外，在有些情况下，价格标准同非价格标准是分不开的。因此，可能会要求在建议书中提供初步价格。最佳和最终报盘一定要列明价格。

——与供应商或承包商对话。

在比较复杂物项和服务的采购中，不与供应商或承包商对话反而造成很高的机会成本，而进行此种对话过程可带来明显的经济上的好处。如在建筑工程或建造工程的采购，采购人只有通过对话才能评估供应商或承包商的个人技能和专门知识。

——对话可分为若干阶段。

对话是采购人与供应商或承包商之间的互动，所涉及的内容既有供应商或承包商建议书的技术、质量和性能特点，也有建议书的财务方面。对话期间可能会讨论特定技术解决方案所涉及的财务问题，其中包括价格或价格范围。

---

① 是卖方主动向买方提供商品信息，或者是对询盘的答复，是卖方根据买方的来信，向买方报盘，其内容可包括商品名称、规格、数量、包装条件、价格、付款方式和交货期限等。

C.2.7 通过顺序谈判征求建议书

C.2.7.1 概念用途

——概念

采购实体需要在建议书的技术、质量和功效特性审查和评审完成之后才对建议书的财务方面单独进行审查，而且采购实体经评价认定需要与供应商或承包商进行顺序谈判才能确保采购合同的财务条款和条件为采购实体接受的采购方法①。

——用途

这一方法适合专为采购人设计的大型复杂采购"标的"的采购，不适合较为标准的"标的"的采购。其显著特点是就建议书的商业或财务方面进行谈判是必不可少的——建议书的这些方面可能有很多变量，在采购开始时无法全部预测和具体规定，必须在谈判过程中加以细化和商定②。实务中使用这一方法的例子包括咨询（如咨询建议）服务。

C.2.7.2 适用条件

采购实体需要在建议书的技术、质量和功效特性审查和评审完成之后才对建议书的财务方面单独进行审查，而且采购实体经评价认定需要与供应商或承包商进行顺序谈判才能确保采购合同的财务条款和条件为采购实体接受的，采购实体可以根据本法第50条使用通过顺序谈判征求建议书的方式进行采购③。

C.2.7.3 规则特点

该办法将重点放在建议书技术、质量和性能特点的竞争上。它所具有的这一显著特征既可约束供应商或承包商又可约束采购实体本着诚信进行谈判。排名第一的供应商或承包商面临的风险是，与采购实体的谈判可能随时被终止，导致该供应商或承包商永远被排除在采购程序之外。采购人因面临否决最佳技术建议书的风险也会有所克制，不会过度重视建议书的财务方面，牺牲对技术、质量和性能的考虑。在招标文件中将谈判期固定下来，不失为对

---

① 示范法指南第五章第三款一般说明和主要政策问题。
② 示范法指南第三十条。
③ 示范法第三十条第三款。

谈判双方的另一项有效约束措施。

C. 2. 7. 4　主要程序①

a）符合不通过谈判征求建议书的条件，应当经变通后适用于使用通过顺序谈判征求建议书的方式进行的采购。

b）建议书的技术特点、质量特点和性能特点达到或超过有关的最低限要求的，该建议书应当视为具响应性。

采购实体应当按照征求建议书列明的建议书评审标准和程序对每项具响应性建议书进行排名，并应当：

——迅速向每一个递交了具响应性建议书的供应商或承包商告知其各自建议书技术特点、质量特点和性能特点的得分和排名；

——邀请按照这些标准和程序取得最佳排名的供应商或承包商就其建议书的财务方面进行谈判；并且

——告知递交了具响应性建议书的其他供应商或承包商，可能考虑在与排名靠前的一个或多个供应商或承包商谈判未产生采购合同的情况下就其建议书进行谈判。

c）如果采购实体认为与邀请的供应商或承包商谈判显然不会产生采购合同，采购实体应当通知该供应商或承包商将终止谈判。

d）采购实体随后应当邀请排名次高的供应商或承包商进行谈判。

如果与该供应商或承包商谈判未产生采购合同，采购实体应当根据排名顺序，邀请其他仍然参加采购程序的供应商或承包商进行谈判，直至达成采购合同或否决其余所有建议书。

e）不得修改的内容。

谈判过程中，采购实体不得修改采购"标的"；不得修改任何资格标准、审查标准或评审标准，包括所规定的任何最低限要求；不得修改采购标的说明的任何要素；除属于征求建议书所列明谈判内容相关的财务方面之外，不得修改采购合同条款和条件。

f）采购实体与任何供应商或承包商终止谈判后不得与其重新进行谈判。

———————————

① 示范法第三章第五十条。

C.2.7.5　注意事项

这一采购方法在谈判阶段之前的所有阶段都与不通过谈判征求建议书相同：采购实体以建议书的技术、质量和性能特点为基础设定一个门槛，然后对经评定达到或超限的建议书进行排名，确保与之谈判的供应商或承包商有能力提供所要求的采购标的。

不同的是，该方法需要就建议书的财务方面进行谈判。这说明，这一方法适合专为采购实体"私人订制"的采购，而不适合较为标准的标的的采购。因此，通过顺序谈判征求建议书程序适合用于比较复杂标的的采购。采购实体先与排名最靠前的供应商或承包商就建议书的财务方面进行谈判；如果与该供应商或承包商的谈判终止，则采购实体与排名次高的供应商或承包商进行谈判，并视必要依次继续下去，直至与其中一个供应商或承包商订立合同。这些谈判旨在确保采购实体获得公平、合理的财务建议书。

事实证明，由于谈判的范围只涉及建议书的财务或商业方面，最适合这一采购方法的谈判方式是顺序谈判，而不是并行谈判或同时谈判。如果需要就建议书的其他方面进行谈判，则不能使用这一采购方法。

C.2.8　竞争性谈判

我国政府采购法律体系规定的非招标采购方式中包括竞争性谈判及竞争性磋商采购方式。与联合国《贸易法委员会公共采购示范法》规定的竞争性谈判方式相比，适用范围过于宽泛，规定的保障措施比较欠缺。通过对我国的竞争性谈判及竞争性磋商与示范法规定的竞争性谈判方式所进行的比较分析，无疑可以为我国竞争性谈判及竞争性磋商今后的立法及适用提供有益的借鉴。①

C.2.8.1　概念用途

——概念

在竞争条件下通过谈判选择最佳报盘的采购方法。

---

①　葛晓峰．竞争性谈判如何更好地与国际接轨［J］．中国招标，2015（18）．

——用途

出现紧急采购或特定情形需要的采购。这包括自然灾难之后需要紧急医疗用品或其他用品，或者需要替换一件已经无法正常工作的经常使用的设备。如果紧急情形是由于采购实体采购计划不周或其他作为/不作为造成的，则不能使用这一采购方法。通过这一方法采购的范围必须与紧急情形本身直接相关。换句话说，如果对某件设备存在紧急需要，同时预期还需要几件同类设备，则只能就最急需的该件设备使用竞争性谈判。

C.2.8.2　适用条件①

——对采购标的存在紧迫需要，使用公开招标程序或者其他任何竞争性采购方法都将因使用这些方法所涉及的时间而不可行，条件是，造成此种紧迫性的情形既非采购实体所能预见，也非采购实体办事拖延所致；

——由于灾难性事件而对采购标的存在紧迫需要，使用公开招标程序或者其他任何竞争性采购方法都将因使用这些方法所涉及的时间而不可行；或者

——采购实体认定，使用其他任何竞争性采购方法均不适合保护国家基本安全利益。

C.2.8.3　规则特点

该方法针对的项目采购需求明确无须和供应商或承包商对话，也有一定的竞争条件。只是由于情形特殊，采购人在准备了采购合同主要条款和条件概要后直接进行合同价格谈判，以满足采购需要。

C.2.8.4　主要程序②

a）发布谈判公告或出现紧急采购情形发出谈判邀请书，确保有更多供应商或承包商参与谈判。

b）采购实体在谈判之前或谈判期间向某一供应商或承包商发送的与谈判有关的任何要求、准则、文件、澄清或其他信息，应当在平等基础上同时发送给正在与采购实体进行采购方面谈判的其他所有供应商或承包商，除非这

———————————

① 示范法第二章第三十条第四款。
② 示范法第三章第五十一条。

些要求、准则、文件、澄清或其他信息是特别针对或专门用于该供应商或承包商的，或者此种发送将违反本法第24条的保密规定。

c）谈判完成后，采购实体应当请所有仍在程序中的供应商或承包商在某一规定日期之前就其建议书的所有方面提出最佳和最终报盘。

d）采购实体不得就供应商或承包商提出的最佳和最终报盘与其进行谈判。

e）中选报盘应当是最符合采购实体需要的报盘。

C.2.8.5　注意事项

这一方法的程序十分灵活，因此有必要对其使用加以限制。这些程序没有提供其他竞争性采购方法所提供的同等程度的程序透明度、公正性和客观性，因此，这一方法出现舞弊腐败的风险较大。

C.2.9　单一来源采购

C.2.9.1　概念用途

——概念

在特定条件下，只能向唯一供应商或承包商采购的方法。

——用途

鉴于单一来源采购的非竞争特性，单一来源采购应当是在其他所有方法均已证明不合适的情况下最后采用的方法。

C.2.9.2　适用条件①

在下列特殊情况下，采购实体可以根据本法规定程序进行单一来源采购：

——采购标的只能从某一供应商或承包商获得，或者某一供应商或承包商拥有与采购标的相关的专属权，所以不存在其他合理选择或替代物，并且因此不可能使用其他任何采购方法；

——由于灾难性事件而对采购标的的存在极端紧迫需要，使用其他任何采购方法都将因使用这些方法所涉及的时间而不可行；

———————————

① 示范法第二章第三十条第五款。

——采购实体原先向某一供应商或承包商采购货物、设备、技术或服务的，现因为标准化或者由于需要与现有货物、设备、技术或服务配套，在考虑到原先采购能有效满足采购实体需要、拟议采购与原先采购相比规模有限、价格合理且另选其他货物或服务代替不合适的情况下，采购实体认定必须从原供应商或承包商添购供应品；

——采购实体认定，使用其他任何采购方法均不适合保护国家基本安全利益；或者

——经批准或评议认定，向某一供应商或承包商采购系实施本国社会经济政策所必需。

以上条件可归纳为"单购""急购""配购"和国家利益及社会政策需要五种情形。

C.2.9.3 规则特点

这种简单性反映出单一来源采购具有极大的灵活性，只涉及单一个供应商或承包商，因此基本上是一种合同谈判程序。为避免排斥其他潜在供应商或承包商，该程序规定了公告单一来源采购理由的程序，这是一项基本的公共监督措施，任何受到影响的供应商或承包商都可以根据公布的信息对采购实体采用单一来源采购方式的正当性提出质疑，以保证采购的公正性。

C.2.9.4 主要程序

a）发布单一来源采购公告，公告的内容包括采购人及项目名称、地址并必须指明本次采购适用单一来源，同时明确对供应商或承包商的资质条件要求以及采购主要合同条款和条件概要。

b）采购实体向其所确定的单一供应商或承包商征求建议书或报价。

c）除非极端特殊情形，采购实体应当同供应商或承包商进行谈判。谈判的内容包括要求供应商或承包商提供市场数据或澄清费用，以免出现定价不合理的建议和报价。

C.2.9.5 注意事项

作为一般规则，示范法不要求为使用单一来源采购而须征求特定机构的批准。这一办法与贸易法委员会的决定是一致的。

C.3 联合国国际贸易法委员会公共采购示范法规定的其他采购工具和程序

C.3.1 电子逆向拍卖

C.3.1.1 概念用途

——概念①

网络拍卖，是在传统拍卖的基础上产生、发展起来的。网络拍卖可分为 C2C（个人对个人）、B2B（企业对企业）与 B2C（商对客）三种，其中最为流行、应用最广的是 B2B 模式的采购拍卖，又称"网络逆向拍卖，"是政府或企业利用现代信息技术系统和网络，通过数据电文形式实现无纸化招标投标。

此种网络采购拍卖能极大地提高招投标效率、降低招投标成本和预防腐败。然而，我国目前的网络逆向拍卖对采购商品或服务标准化程度要求较高，限制了其在电子采购中的应用范围。因此，示范法电子逆向拍卖的有关规定，对我们系统研究多属性逆向拍卖理论，弥补和完善现有的多属性逆向拍卖规定，有其特殊的意义。

示范法规定，电子逆向拍卖涉及供应商或承包商（"出价人"）在规定期限内相继提交更低出价，出价自动评审，采购实体选出中选提交书所采用的一种在线实时采购工具。

——用途

独立的电子逆向拍卖最适合常用货物和服务，其市场一般高度竞争、范围广阔，采购实体可发布详细说明或提及行业标准的说明，出价人的报盘可提供相同的质量或技术特点。这些货物和服务包括办公用品、商品、标准信息技术设备、初级建筑产品和简单服务。不需要复杂的评审程序；预期不会受购后费用的影响（或影响有限）；初始合同完成后预计不会后续服务或额外收益。在此种采购中，系统作同类对比，价格可作为决定性评审标准或主要

---

① 示范法第一章第二条定义（d）.

决定性评审标准。如果有基于互联网的市场（如办公用品），结果可能最佳。

C.3.1.2　适用条件①

C.3.1.2.1

"符合下列条件的，采购实体可以根据本法第六章的规定使用电子逆向拍卖方式进行采购：

——采购实体拟订采购标的详细说明是可行的；

——存在着供应商或承包商的竞争市场，预期有资格的供应商或承包商将参加电子逆向拍卖，从而可确保有效竞争；并且

——采购实体确定中选提交书所使用的标准可以量化，且可用金额表示。"

C.3.1.2.2

采购实体可以在根据本法规定酌情使用的采购方法中，使用作为授予采购合同前的一个阶段的电子逆向拍卖。采购实体还可以根据本法的规定，在有第二阶段竞争的框架协议程序中为授予采购合同而使用电子逆向拍卖。只有满足本条第1款第三项规定的条件（C.3.1.2.1第三项），才可使用本款规定的电子逆向拍卖。

C.3.1.3　规则特点

首先，借助动态、实时交易方式，电子逆向拍卖可以通过出价人竞相出价提高资金效益。使用互联网作为举行电子逆向拍卖的媒介还可鼓励更广泛的出价人参与，从而增强竞争度。

其次，电子逆向拍卖可减少简单、现成货物和标准化服务采购所需要的时间和行政费用。

再次，电子逆向拍卖可增强采购过程的内部可追踪性，因为关于电子逆向拍卖每一阶段出价的相继评审结果以及电子逆向拍卖的最后结果的信息都记录在案；所有这类信息都即时提供给采购实体。此外，电子逆向拍卖还可提高透明度，因为每个出价人可即时知道其相对位置；电子逆向拍卖的进度和结果亦可同时让所有出价人知道。

最后，透明度的提高以及完全自动化的评审过程限制了人为干预，可有

---

① 示范法第二章第三十一条。

助于防止舞弊和腐败。

C.3.1.4　主要程序

a）采购人征求出价，应当登载电子逆向拍卖邀请书。

b）采购人可以对登记参加电子逆向拍卖的供应商或承包商规定最高限数，但只能是在由于采购人通信系统能力的局限性而必须作此限制的范围内，并应当以公平的方式挑选能够进行这种登记的供应商或承包商。

c）采购人可以根据特定采购的情形，决定在电子逆向拍卖之前审查或评审初步出价。

d）电子逆向拍卖之前对初步出价进行了审查或评审的，采购人应当在初步出价审查或评审完成后：

——迅速将否决和否决理由通知书分送初步出价被否决的每一个供应商或承包商；

——迅速向初步出价具响应性的每一个合格的供应商或承包商发出拍卖邀请书，提供与参加拍卖有关的一切必要信息；

——初步出价经过评审的，每份拍卖邀请书还应当随附与被邀请供应商或承包商有关的评审结果。

e）电子逆向拍卖的登记和举行拍卖的时间①。

——应当迅速向每一个已经登记的供应商或承包商发出电子逆向拍卖登记确认函。

——登记参加电子逆向拍卖的供应商或承包商的数目不足以确保有效竞争的，采购人可以取消拍卖。应当迅速向每一个已经登记的供应商或承包商发出取消拍卖通知。

——在顾及采购人合理需要的情况下，自发出电子逆向拍卖邀请书至举行拍卖，应当有足够时间让供应商或承包商做拍卖准备。

f）电子逆向拍卖期间的要求②。

——电子逆向拍卖合同的标准，一般是最低价。

---

① 示范法第六章第五十五条。
② 示范法第六章第五十六条。

——拍卖期间：所有出价人均应当有同等、连续的机会递交出价，同时采购人不得披露任何出价人的身份。

g）电子逆向拍卖结束后的要求①。

——中选出价应当是电子逆向拍卖结束时的最低出价或最有利出价，以适用者为准。

——在使用拍卖方式的采购中，采购人认为该出价不具响应性，或者认为递交该出价的供应商或承包商不合格的，应当否决该出价。

——采购人认为拍卖结束时的中选出价异常偏低，由此引起采购人对该出价递交人履行采购合同能力关切的，采购人可以以其价格异常偏低否决该出价，采购人应当选择拍卖结束时的次低出价或次有利出价。

C.3.1.5　注意事项

——为保证公平竞争，电子逆向拍卖之前、电子逆向拍卖期间和电子逆向拍卖之后都要保全出价人的匿名性。

——从行政角度看，电子逆向拍卖相对容易使用，因而有可能过度使用和在不当情况下使用。过度使用或不当使用可能是为了减少市场上竞争者的数目，其风险是导致采购市场集中以及在重复采购中相互串通。

——示范法所规定的电子逆向拍卖可以作为一种采购方法进行（"独立电子逆向拍卖"），也可以作为其他采购方法中在授予采购合同前的最后阶段进行（或者，在有第二阶段竞争的框架协议中，"电子逆向拍卖作为一个阶段"），两者需酌情而定。

C.3.2　框架协议程序

C.3.2.1　概念用途

——概念

示范法将框架协议程序②表述为在一段时期内完成的两阶段采购安排，其中涉及：

---

① 示范法第六章第五十七条。
② 示范法第一章第二条定义（e）.

a）按照事先确定的条款和条件征求提交书；

b）按照这些条款和条件评估供应商或承包商的资格并审查其提交书，并且通常对这些提交书进行评审；

c）所选定的一个或多个供应商或承包商以提交书为基础与采购实体订立框架协议。框架协议规定今后采购的条款和条件，并订立一定期限的框架协议（步骤a）～c）为采购的"第一阶段"）；及

d）在出现具体需要时，按照框架协议的条款，随后和（或）定期将采购合同授予已加入框架协议的一个或多个供应商或承包商（这可能涉及向某个已加入框架协议的供应商或承包商发出采购订单或者进行另一轮竞争。这是采购的"第二阶段"）。

——用途

框架协议程序通常用于采购实体在一段时期内或者在今后某一时间需要但却不知其确切需要量、性质或时间的"标的"的采购。从本质上说，框架协议确定了将来进行采购的条款（或者确定了主要条款，以及将用于确定其余条款或对最初确定的条款加以细化的机制：后者可以包括某一特定时间交货的数量、交货时间以及采购总量和价格）。这方面的例子包括商品类采购，如文具、零部件、信息技术用品和维护，此类采购的市场竞争可能异常激烈，通常是定期或重复采购，数量不定。

框架协议程序还适合不止一个来源的货物的采购，如电力，也适合估计今后可能会紧急需要的物项的采购，如药品（其主要目的是避免因发生紧急情况和不测事件使用单一来源采购而导致价格过高或质量低劣）。这些类型的采购可能要求保证供应安全，而需要专用生产线的专门物项可能也是如此。对于这些采购，框架协议也是适当的手段。

C.3.2.2 适用条件[①]

C.3.2.2.1

采购实体认定有下列情形之一的，可以根据本法规定程序进行框架协议程序：

a）对采购标的的需要预计将在某一特定时期内不定期出现或重复出现；或者

---

① 示范法第二章第三十二条。

b) 由于采购标的的性质,对该采购标的的需要可能在某一特定时期内在紧急情况下出现。

C.3.2.2.2

采购实体应当在本法第 25 条①要求的记录中载列关于采购实体使用框架协议程序和所选择的框架协议类型所依据的理由和情形的说明。

C.3.2.3 规则特点

在对重复采购使用这种程序的情况下,框架协议程序由于有效地合并了一系列采购程序而具有行政效率,采购的交易成本更低、交付时间也更短;减少了使用紧急程序的必要性;促进政府部门之间的统一性和标准化。

C.3.2.4 主要程序

框架协议的组织形式是,第一阶段的采购可以选用公开招标、邀请招标以及其他采购形式如谈判、直接采购等方式,确定采购标的单价、规格型号,但不确定采购数量和确切的采购时间;第二阶段一般通过直接采购或谈判采购签订合同。具体步骤如下。

a) 按照事先确定的条款和条件征求提交书。

b) 按照这些条款和条件评估供应商或承包商的资格并审查其提交书,并且通常对这些提交书进行评审。

c) 所选定的一个或多个供应商或承包商以提交书为基础与采购实体订立框架协议。框架协议规定今后采购的条款和条件,并订立一定期限的框架协议。

d) 在出现具体需要时,按照框架协议的条款,随时或定期将采购合同授予已加入框架协议的一个或多个供应商或承包商。

C.3.2.5 注意事项

框架协议招标中标人可以不止一个,即只确定单价、规格型号,不确定数量。实践中如果缺乏有效监督,在实际签订供货合同时,合同签订方随意性很大,约束管理可能流于形式。企业应当通过完善监督体制,在发挥其优越性的同时,把腐败的风险降到最低。如实行动态价格监控制度、采购公示制度等。

---

① 示范法第二十五条规定了各种情形的记录要求。

资料 D 《国有企业采购操作规范》和联合国 《贸易法委员会公共采购示范法》 所示采购方法的逻辑关系图

D.1 《国有企业采购操作规范》所示采购方法的 逻辑关系图

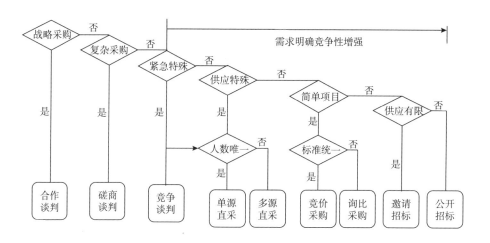

D.2 《贸易法委员会公共采购示范法》所示采购方法的逻辑关系图

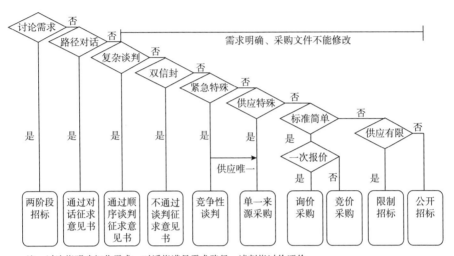

注：讨论指明确细化需求；对话指满足需求路径；谈判指讨价还价。

附录1 "国有企业采购管理与采购操作规范"课题组名单

组　长：

胡大剑　中国物流与采购联合会公共采购分会副会长、采购委主任

专家组长：

陈川生　原山西省机械设备成套局总工程师、北京建筑大学兼职教授

专家组成员：

曹富国　中央财经大学法学院教授、博导

胡　珉　中国物流与采购联合会采购与供应链专委会核心专家

朱晋华　中北大学理学院高级工程师

彭新良　中国物流与采购联合会公共采购分会秘书长

丁　扬　国家电网有限公司物资部主任

李阿勇　国家电网有限公司物资部计划处处长

凌大荣　中国人民解放军军事经济学院教授

田文灏　中国人民解放军陆军勤务学院军事采购管理教研室主任

张　飞　中国人民解放军陆军勤务学院军事采购管理教研室副主任

何玉龙　招商局集团招投标中心总经理

田　洁　招商局集团招投标中心招标部副总经理

张　林　中国国际航空股份有限公司集中采购部总经理

谭　沐　中国中车股份有限公司副总经济师兼运营管理部部长

阎利捷　中国中车股份有限公司运营管理部物资管理处处长

马国荣　中国建筑股份有限公司集中采购管理中心主任

徐　涛　国家能源投资集团有限公司物资管理部集中采购业务处处长

洪卫东　中国石油天然气集团公司物资采购管理处处长

宋光君　中国石油天然气集团公司物资采购中心市场研究室副主任

熊建新　中国石化物资装备部（国际事业公司）副总工程师

王建臣　中国建筑第二工程局有限公司生产资源管理部总经理

王文标　中国银联股份有限公司集中采购管理办公室负责人

孟　春　中国银联股份有限公司集中采购管理办公室专家、律师

王　姝　上海诺基亚贝尔股份有限公司采购部总监

曾　飞　东风（武汉）工程咨询有限公司规划发展部副部长

魏祝明　北京首创股份有限公司工程事业部招采部总监

刘　芳　内蒙古蒙牛乳业（集团）股份有限公司采购招标总监

李建升　内蒙古蒙牛乳业（集团）股份有限公司采购招标高级经理

赵庆丰　广东粤港供水有限公司监察审计部总经理

叶盛林　广东粤港供水有限公司法务部招标采购经理

李　波　上海华能电子商务有限公司总经理

周晓琦　上海华能电子商务有限公司能源事业部副经理

孙建文　北京筑龙信息技术有限责任公司总经理

吴英礼　北京筑龙信息技术有限责任公司副总经理

王彦龙　内蒙古电力（集团）有限责任公司集团物资部副主任

王福斌　内蒙古电力（集团）有限责任公司集团物资部处长

董　琛　汉能控股集团有限公司全球供应链采购部高级经理

孙　毅　北京信构信用管理有限公司董事长

徐先国　中国公共采购有限公司首席技术官

陶　强　中国公共采购有限公司副总裁

魏友军　中国物流与采购联合会公共采购分会副秘书长

召集人：

彭新良　中国物流与采购联合会公共采购分会秘书长

附录2 中国物流与采购联合会公共采购分会简介

中国物流与采购联合会公共采购分会，是国务院国有资产管理监督委员会审批同意，并经中华人民共和国民政部备案设立，从事我国公共采购行业的协调与管理，隶属中国物流与采购联合会的分支机构，成立于2014年3月。

一、分会宗旨

遵守中华人民共和国的宪法、法律、法规和政策，发挥政府与行业之间的桥梁和纽带作用，制定行业标准，实行行业自律管理，维护会员的合法权益，开展对从业人员的职业道德教育、专业技术培训和严格管理，研究和发布公共采购指数，促进我国公共采购行业的规范、健康发展。

二、分会主要业务范围与工作职能

组织和实施本行业统计调查分析，研究本行业发展规律，促进行业健康、有序发展；协助与配合政府相关部门对行业进行指导，加强行业法制建设，促进公开、公平、公正的公共采购市场秩序建立；

发挥政府与行业之间的桥梁和纽带作用，向政府有关部门反映行业的建议和要求，争取有利于行业发展的国家政策支持和优惠措施；

组织开展国内外交流活动，促进会员发展采购合作，对外贸易、技术开发、科学管理、学术研究等合作与交流，提高公共采购现代化管理水平，推进本行业的公共采购改革与发展；

开展行业自律，制定行业规范，构建诚信体系；协助政府制（修）定本行业国家、行业标准，并推动其贯彻执行；积极组织各种人才教育、培训，不断提高行业素质和职业道德水准；

组织做好行业咨询评估、宣传推广、资质认定、投融资及其他中介服务，表彰奖励行业内有突出贡献和业绩的会员及从业人员；

组织行业相关的各类论坛、会展、研讨、考察活动。

三、分会品牌活动

1. 推进政府采购体制机制创新和电子化平台建设

作为中财办"进一步完善我国政府采购制度"课题组参与单位，按照《全国公共采购电子化平台建设方案》要求，发挥行业组织的作用，调动会员单位积极性，面向22家课题试点单位推广电子化采购平台和互联互通工作，切实推进政府采购体制机制创新和阳光采购。

2. 编制《国有企业采购操作规范》等行业标准

组织业内知名专家和国企采购管理人员，组成"国有企业采购管理与采购操作规范"课题组，编制了《国有企业采购操作规范》团体标准，于2019年发布实施。

3. 组织、承办全球公共采购论坛及全国公共资源交易论坛

自2012年起，由中国物流与采购联合会、湖北省人民政府主办的全球公共采购论坛连续在湖北武汉举办。公共采购分会作为承办单位，先后组织和承办了五届"全国公共资源交易论坛"和"公共采购年会"，并组织了政府采购、公共资源、军队采购、高校采购、企业采购、药品采购等分论坛，每年参与论坛的国际国内专家学者、政府官员、采购交易监督管理及执行机构从业者、供应商代表等超过千人。

4. 组织公共采购行业培训

每年组织全国性的公共采购领域政策法规和业务培训，如"采购招标最新法律适用与操作实务培训班""政府采购法律法规培训班""互联网＋招标采购培训班""《政府采购法实施条例》培训班""国有企业采购规范与实务培训班"等，提升公共采购从业人员业务水平。

5. 开展国内外考察

先后组织国内政府采购、国企采购、高校采购业内人士，赴欧洲、美国、

南美、中东、中国香港等地区开展交流考察，学习借鉴先进的公共采购经验。每年组织会员单位开展各种走访、交流、考察活动 20 余次，促进会员单位的相互交流和借鉴。

四、分会领导

经 2018 年 11 月公共采购分会第二届一次理事会选举，产生了公共采购分会新一届领导成员。

1. 会长

蔡　进　中国物流与采购联合会副会长、公共采购分会会长

2. 常务副会长

胡大剑　中国物流与采购联合会公共采购分会副会长、采购委主任

3. 副会长

刘先杰　安徽公共资源交易集团有限公司董事长

饶青山　北京阳光公采科技有限公司董事长

刘卫旗　重庆市政府采购中心主任

陈　平　广东省公共资源交易中心副主任

孙　涛　国家电网有限公司物资部副主任

徐　涛　国家能源投资集团有限公司物资管理部集中采购业务处处长

饶建国　湖北省政府采购中心主任

徐秀裕　海南省公共资源交易服务中心副主任

宋春正　北京京东世纪贸易有限公司大客户部总经理

齐玉柱　内蒙古自治区政府采购中心主任

刘茂华　山东省公共资源交易中心信息部部长

杨　娟　四川省政府政务服务和公共资源交易服务中心主任、书记

胡旭健　苏宁云商集团股份有限公司 B2B 公司总裁

彭国亮　武汉大学采购与招投标管理中心主任

何玉龙　招商局集团招投标中心总经理

张　林　中国航空集团有限公司集中采购部副总经理

马国荣　中国建筑股份有限公司集中采购管理中心主任

洪卫东　中国石油天然气集团公司物资采购管理处处长

李国祥　中国盐业总公司购销统筹部总经理

王文标　中国银联股份有限公司集中采购管理办公室负责人

谭　沐　中国中车股份有限公司副总经济师兼运营管理部部长

4. 专家委员会

贾　康　专家委员会顾问，财政部财政科学研究所原所长

刘　慧　专家委员会顾问，国际关系学院党委书记、教授

倪光南　专家委员会顾问，中国工程院院士

5. 专家委员会主任、副主任

程远忠　专家委员会主任，中国物流与采购联合会副会长

黄冬如　专家委员会副主任，广东财经大学公共采购研究中心主任

梁戈敏　专家委员会副主任，广西壮族自治区政府采购中心原主任

于　安　专家委员会副主任，清华大学公共管理学院教授

6. 秘书处

秘书长：彭新良

副秘书长：饶青山、黄泽旺、魏友军

五、秘书处联系方式

办公地址：北京市丰台区双营路 9 号亿达丽泽中心 3 层 313 室

邮编：100073

联系电话：010 - 83775725　传真：010 - 83775672

分会网址：www. chinawuliu. com. cn/office/50/index. shtml